문화문고 003

100字에 담긴
한자문화 이야기

김경수 저

傳統文化研究會

100字에 담긴
문화문고 한자문화 이야기 정가 12,000원

2011년 12월 15일 초판 인쇄
2018년 8월 30일 초판 3쇄

저 자 김경수
기 획 이계황
편 집 남현희
출 판 권영순
장 정 이화춘
관 리 함명숙

발행인 이계황
발행처 (사)전통문화연구회
서울시 종로구 삼일대로 428 낙원빌딩 411호
전화 : 02-762-8401 전송 : 02-747-0083
사이버書堂 : cyberseodang.or.kr
온라인서당 : book.cyberseodang.or.kr
전자우편 : juntong@juntong.or.kr
등 록 : 1989. 7. 3. 제1-936호

인쇄처 : 한국법령정보주식회사(02-462-3860)
총 판 : 한국출판협동조합(070-7119-1750)

ISBN 978-89-91720-69-5 00700

간행사

본회는 한국고전의 연구와 번역의 선결과제先決課題로, 동양고전의 협동연구번역과 on-off라인을 통한 교육을 해온 지 20여 년이 되었다. 이는 우리의 역사歷史와 문화文化를 깊이 이해하기 위하여 동양의 역사와 문화를 총체적으로 조명하여야 한다는 취지에서이다.

그런데 동서양 고전에 대해서 그 중요성은 인정하고 있지만, 특히 한국과 동양의 한문고전은 지식인이나 일반인은 물론 전문가조차 해독하기 어려워 일본이나 중국의 번역본을 중역하는 상황이었고, 동양고전은 현대화가 늦어져 이제야 본격적인 작업을 하고 있다.

오늘날 각계의 교류가 긴밀히 이루어지면서 세계가 하나로 되는 상황에 이르러, 우리 국민의 역사・문화 의식이 한국에서 동양으로, 또 세계로 지향해야 하는 시급한 시대가 다가왔다.

그러나 세계로의 지향이 서구화의 다른 이름이고 우리로서는 허상일 수 있음을 주의해야겠지만, 우리와 동양의 자주성과 자존의 아집도 경계하여 새로운 그 무엇을 그려내야 할 것이다. 이를 위해서는 일차적으로 한韓・중中・일日이 삼국양립三國兩立에서 발전하여 삼국정립三國鼎立을 이룸으로써, 치욕의 역사에서 벗어나 안정과 발전의 기반을 마련해야 할 것이다.

본회는 이러한 상황에서 1차적인 준비로 '동양문화총서'를 몇

권 간행한 바 있으나, 이 계획의 충실을 기하기 위해서는 한 손에는 연구, 다른 한 손에는 보급이라는 과제를 좀더 확실히 해결하지 않으면 안 된다. 이러한 문화 보급의 취지에서 앞으로 국민의 전체적인 수준 향상을 위하여 '사서四書'의 문고화를 시작으로, 우리와 동양에서부터 서양의 고전과 인물과 문화에 관한 '문화문고' 간행의 출발점으로 삼고자 하는 것이다.

대체로 문고는 연구서에 비하면 2차적 작품이므로, 해석과 주석 등을 본문에 녹여서 중등학생 수준의 독자가 읽어서 이해되도록 하려고 한다. 그러나 특수한 분야나 전문적인 것도 필요한 것이다. 또한 시대에 부응하여 편리하며 염가로 읽힐 수 있는 '전자출판'도 겸행할 예정이다.

구미歐美의 유명한 문고본이 끼친 세계 문화적 영향이나, 이웃 일본의 교양과 지식이 이와나미문고岩波文庫에서 나왔다는 사실을 기억해야겠다. 우리나라의 문고본은 그간 부침浮沈이 있었으나, 여러 분의 서가에도 상당수 있듯이 그 공헌은 인정하지 않을 수 없다.

앞으로 우리는 동양고전의 번역 및 교육사업과 함께 통섭적統攝的 방법으로, 국가경쟁력을 키우고 문예부흥을 개막하는 계획의 꿈도 이루기 위하여 지혜를 모아 헌신할 것을 다짐하며, 이에 각계의 관심과 지원을 기대한다.

2011. 10. 1.

전통문화연구회 회장 이계황

머리말

이 글은 한자漢字 낱글자에 담긴 뜻을 이야기로 풀어놓은 것이다. 한자의 기본이 낱글자이기 때문에 낱글자를 주제로 삼았다. 그것도 어려운 글자가 아니라 가장 쉬운 글자부터 선정選定하였다. 이는 언젠가 이루어져야 하는 초등학교의 한자교육도 염두에 둔 것이다.

누가 봐도 알 수 있는 쉬운 한자 속에는 역사歷史가 살아 있고, 깊은 의미가 있다. 이것이 우리말과 융화되어 새로운 우리말을 만들어 우리말의 뼈대가 되어 있다. 이 한자들은 지금도 새로운 문화어文化語를 창출하고, 우리의 문화수준을 높이는 데 크게 기여하고 있기도 하다.

한글도 우리말과 함께 깊이 사랑할 문화유산이다. 일제강점기를 맞아 우리 정신에 대한 그들의 말살정책에서 가장 큰 표적이 한글이었다. 한글을 없애는 것이 한국정신韓國精神을 없애는 길이기 때문이었다. 이에 항거한 많은 애국지사가 있었다. 이들의 항거는 한글 보존은 물론이고, 그보다 한국정신의 보존에 더 큰 목적이 있었다.

해방이 되자 일부 한글 애호가들이 애국지사의 마음속에 한글과 한자가 같이 있었음을 간과看過했다. 그들은 오로지 한글 전용만이 애국인 것으로 오도했다. 그 결과 오늘에 이르러 수천 년의 정신문화가 단절될 위기에 처해 있다. 참으로 안타까운 일이다.

한자 속에 담긴, 누구나 알아야 할 성현聖賢들의 말씀과, 글자에 녹아든 조상들의 지혜智慧와 상식常識들, 필자가 경험한 것들, 미처 알지 못했던 내용들을 글자 풀이를 통해 모아놓은 것이 이 책이다. 그러자니 저절로 사서四書를 비롯한 많은 고전들을 참조하게 되었고, 여기저기에서 필요한 부분을 인용하고, 오늘의 상황에 맞추어 표현하려 하였다.

그러면서 이 이야기들을 통해 한자문화가 더욱 개발되고 한자교육의 새로운 불씨가 되었으면 하는 솔직한 바람도 숨길 수 없다. 이는 한글의 보완을 위해서도, 한글의 활성화를 위해서도 꼭 필요한 작업이다.

한자에 담긴 뜻은 아무리 풀어내려 해도 다 읽어낼 수가 없다. 그 속에는 수천 년의 세월이 담겨 있고, 우리 할아버지와 할머니들의 깊은 생각이 젖어 있다. 이것이 한자의 한 글자 한 글자마다에 다양한 뜻이 있는 이유일 것이다. 이러한 조상들의 사려 깊은 생각들을 두고두고 수수께끼처럼 풀어낼 수밖에 없다.

출판계의 어려운 상황에도 수조繡棗하게 한 전통문화연구회에 고마움을 거듭 전하고자 한다.

2011년 가을을 맞으며

김경수 씀

목 차

2장 스스로 닦아라

5장 세상의 이치

1장 사람과 사람의 관계

恕 용서 서 베풀고 용서하라

용서容恕, 서무식恕無識

恕는 '용서하다'라는 뜻입니다. 이 恕자는 같을 여如자에 마음 심心자가 합하여 된 글자입니다. '마음이 같다.'가 恕의 뜻입니다. 너와 나의 마음이 같아지기가 쉽지 않습니다. 하루에 3천 번 이상 바뀌는 것이 마음이라는데, 이것이 합해지는 것이 쉬운 일이 아니지요. 나의 잘못을 내 스스로 용서하는 것처럼 다른 사람의 잘못을 용서한다는 것은 참으로 큰 수양이 없고는 어려운 일입니다. 가까운 가족, 친척 간에도 용서하지 못하여 겪는 고초가 얼마나 큰지요.

이 恕에서 용서容恕라는 말이 나왔습니다. 용서라는 말은 ≪논어論語≫에 나오는 얘기입니다. 용容자는 여기서는 '담다'라는 뜻으로 쓰인 말입니다. 곧 용서는 恕를 용容하는 것입니다.

'서무식恕無識'이라는 말도 있습니다. '무식한 사람을 용서한다.'는 말입니다. 무엇을 알지 못해서 잘못을 저지르는 사람은 알고 잘못을 저지르는 사람과는 다릅니다. 또 배우지 못해서 억울한 일을 당하는 사람이 얼마나 많은지요. 배운 자들은 모름지기 이런 사람들을 배려해야 합니다.

공자孔子의 제자 여러 명이 모였습니다. 그중에 자공子貢이라는 제자가 공자님께 여쭈었습니다.

"선생님, 평생을 두고 마음에 담아 실천할 만한 좌우명座右銘 하나를 들을 수 있겠습니까? 그러면 지키도록 노력하겠습니다."

이 말을 들은 공자님께서는 "있고 말고." 하며 천천히 일러주셨습니다. "그것은 바로 恕니라."

남의 잘못을 이해해주고, 용서함에는 용기와 희생이 필요합니다. 이것이 참을성입니다. 6 · 25 때 지리산 밑에서 일어난 일입니다. 어느 목사님의 두 아들이 빨치산에게 죽임을 당했습니다. 곧바로 이 공비들이 잡혔지만 목사님은 피를 토하는 심정으로 용서해주었습니다. 용서만 해준 것이 아니라 이들을 양자로 삼았습니다. 그리고 입적시켜 자기 자식과 똑같이 사랑한 이야기가 널리 전하고 있습니다. 이는 절대로 가식으로 할 수 없습니다. 진심으로 마음을 비우고, 사랑할 때 가능한 일입니다.

사실 한 시간이나 하루, 또는 한 달쯤 용서해주는 것은 누구나 할 수 있는 일입니다. 그리고 10년이고 20년이고, 평생토록 용서하는 것은 대단히 어려운 일입니다.

그리고 공자님께서는 평생을 두고 이 말씀을 실천하신 분입니다. 언행을 일치시키신 분입니다. 그 결과 오늘날까지 성인聖人의 말씀으로 전해오는 것입니다.

他 다를 타 남도 헤아려야

타인他人, 타국他國, 타향他鄕, 기타其他

他는 '다른 사람', '다르다'는 뜻으로 사용하는 한자입니다. 사람 인변[亻]에 어조사 야也를 합해서 된 글자입니다. 어조사語助辭란 독립된 뜻이 없는 글자로 우리말의 조사와 같은 역할을 하는 한자입니다. 특히 야也는 말할 때 입김이 서려 나오는 모양을 본뜬 글자입니다. 야也에는 또 하나의 다른 설이 있는데, 그것은 뱀이 똬리를 틀고 있는 모습을 나타낸 것이라는 주장입니다. 그래서 他는 '뱀처럼 쌀쌀하다.'란 뜻도 있게 되었습니다. 언어란 이처럼 생성 발전하는 속성이 있습니다.

자신의 마음으로 타인他人의 마음을 헤아려주는 것을 '혈구絜矩'라 합니다. 타인을 함부로 대하는 것은 배운 사람의 도리가 아닙니다. 이 혈구는 ≪대학大學≫에 나오는 유명한 말입니다. ≪대학≫에는 상류사회로 나가려는 사람들이 필수적으로 읽어야 했던 덕목이 실려 있습니다.

남을 지도하려는 사람은 기준으로 삼는 올바른 자[尺]가 있어야 합니다. 곧고 반듯한 자 말입니다. 이 곧고 반듯한 자로 바르게 측정하여 조처하는 것이 혈구라 할 수 있습니다.

여기의 혈絜은 '헤아리다'는 뜻이고, 구矩는 직각을 그리는 곱자[曲尺]입니다. 이 자는 하늘로부터 누구나 받고 태어났습니다. 다만 제대로 보존하지 못한 경우가 많을 뿐입니다.

윗사람이 노인을 공경하면 백성들은 서로간에 경로사상이 솟아나고, 윗사람이 외로운 사람에 대하여 관심을 가지면 백성들은 절대로 윗사람을 배반하지 않는다고 합니다. 윗사람이 술을, 골프를, 고스톱을 좋아하면 아랫사람은 더욱 이를 좋아하게 마련입니다. 좋아할 뿐만이 아니라 윗사람의 환심을 사려고 권장하기까지 합니다. 조심해야 할 일입니다.

세상은 끝없이 변화하고 발전하지만 그 근본이 되는 본질은 시간과 공간을 초월하여 변하지 않는다고 합니다. 이 혈구도 영원히 변하지 않는 덕목입니다.

윗사람이 자신에게 싫어하는 일로 부리는 일을 가지고 아랫사람을 부리지 말며, 아랫사람이 자기에게 했던 언짢은 일이 있으면 그런 식으로 윗사람께 보고하지 말며, 앞집 사람에게 당한 싫은 일로 뒷집 사람에게 옮기지 말며, 뒷집 사람에게 싫었던 일로 앞집 사람을 대하지 말며, 오른쪽에서 싫었던 것으로 왼쪽에게 시행하지 말며, 왼쪽에게 싫었던 것으로써 오른쪽에게 시행하지 말아야 하는 것은 영원한 진리입니다. 이것이 바로 타인을 배려하는 일입니다.

他자가 들어간 말로 타국他國, 타향他鄕, 기타其他 등도 있습니다.

禮 예도 례 절도 있게 사람답게

예절禮節, 예의禮儀, 제례祭禮, 사례四禮, 혼례婚禮, 예기禮記

禮는 인간답게 살기 위해 사람 사이에 지켜야 할 의례입니다. 이를 흔히 예절禮節이란 말로도 쓰는데, 예절은 예의禮儀를 행할 규칙이나 절도節度라 할 수 있습니다. 웃어른을 만나 인사를 하는 것, 식사시간에 음식을 먹는 태도와 순서, 조상의 신주에 드리는 제례祭禮가 모두 禮에 속합니다. 그러고 보면 우리의 생활은 이 禮를 벗어나서 존립할 수가 없습니다. 관혼상제冠婚喪祭 사례四禮는 모두 禮를 근본으로 하여 이루어지고 있습니다.

禮의 글자됨을 보면 조상에 드리는 제사와 관련이 깊습니다. 이 글자는 보일 시示와 풍성할 풍豊이 합해진 글자입니다. 시示도 원래 하늘에서 빛을 드리워 길흉을 보인다는 뜻을 나타내는 글자이고, 풍豊도 제기 두豆에 제물을 그득히 올려놓은 모양[]을 본뜬 모습입니다. 이 둘이 합하여 禮자를 만들었습니다. 글자로 볼 때 禮는 아무래도 제례와 관련이 깊습니다. 오늘날의 혼례婚禮보다 우선한 듯합니다.

禮는 자주 악樂과 대비되어 사용됩니다. 악樂이 리듬이라면 禮는 질서입니다. 가령 발표회나 연주회를 할 때, 규정과 법식에 따라 한 치의 오차도 없이 진행하는 것이 禮에 맞는 일입니다. 그러나 禮에 어긋나지 않으면서도 규정과 법식을 응용하여 여유를 갖고 조화롭게 이루어지는 것은 악樂이라 할 수 있습니다. 禮는 엄정하고 악樂은 조화로운 것입니다. 악樂은 마음속에서 나오는 것이며 禮는 밖에서 이루어지는 것입니다. 禮로써 겉모습과 행동을 다스리고 악樂으로써 마음과 감정을 다스립니다.

禮를 ≪논어≫에서는 좀 어려운 말로 '천리天理의 절문節文'이라 설명하고 있습니다. 천리는 하늘의 이치이고 절문은 조절하여 표현하는 것이라 합니다. 하늘이 가진 이치를 조절하여 인간들에게 잘 드러내는 것이 禮라는 것입니다. 삼라만상의 우주가 가지고 있는 진리가 천리입니다. 이 우주의 진리를 인간의 법도와 규칙에 맞게 잘 표현한 것이 禮라는 것입니다. ≪예기禮記≫라는 책도 있지요.

禮는 인간이 갖추어야 할 기본 덕목입니다. 사람도 일부 禮를 모르는 경우를 보기도 하지만 부단히 노력해야 할 항목입니다. 과거 전통사회에서는 禮를 모든 사람에게 요구하지 않았습니다. 禮는 사대부 계층에게만 엄격하게 적용한 수칙이었습니다. 길을 가는 데도, 물건을 사고파는 데도, 밥을 먹는 데도 하인들에게는 禮를 엄격하게 요구하지 않았습니다. 禮는 질서와 규칙의 뜻이 포함되어 있습니다.

監 볼 감 보고 조심하라

감독監督, 감사監査, 주감어이대周監於二代, 감찰監察, 감시監視

監은 '살피다'의 의미로 잘 쓰이는 글자입니다. 감독監督이나 감사監査에 이 글자를 쓰는 것을 보면 대개 잘못한 부분이 없나를 살핀다는 뜻이 강하게 느껴지는 것도 사실입니다.

글자 모양도 대야[皿]에 담긴 물속을 유심히 관찰하는 모습[]입니다. 監자의 왼쪽부분을 눈[目]의 변형이라고 하고, 오른편은 사람 인人의 모습으로 해석합니다. 또 어떤 풀이는 누워서[臥] 대야[皿]에 담긴 물질의 변화를 바라보는 형상으로 풀이하기도 합니다.

결국 일의 내용을 살피는 것은 사람이 주체가 됨을 알 수 있습니다. 그 주체가 되는 사람이 누구냐에 따라 일의 처리도 달라집니다. "인사人事가 만사萬事다."라는 말도 사람이 주체라는 뜻에서 나왔습니다. 이렇게 보면 監은 남의 잘못이나 부족한 면을 살피는 뜻만 있는 느낌을 줍니다. 그러나 이 글자의 원래 뜻은 그런 것만은 아니었습니다.

監의 본뜻은 '본보기로 삼아 따르려 한다.'는 뜻이었습니다. 공자님께서도 주周나라를 칭찬하여 말하기를 "주나라가 하夏나라와 은殷나라를 본받아 세웠으므로 문화가 찬란했다."고 말하였습니다. 이 말은 주감어이대周監於二代라는 말을 풀이한 것입니다. 주나라는 하·은 2대를 본보기로 하여 문물을 절충했다는 뜻입니다. 이로 보면 監자는 부정적이기만 한 것은 아니었습니다.

법원의 재판과정에서 판사나 검사의 온정이 화제가 되기도 하는데, 그것도 이런 監자의 뜻에서 기인한 게 아닌가 합니다.

사실 언어는 시대에 따라 변하기도 하므로 그 어감이 다소 강해진 느낌도 있습니다. 오늘날의 감찰監察, 감시監視 등의 어휘가 그런 어감을 줍니다.

聖 성인 성 크고 바르게

성인聖人, 성현聖賢, 성역聖域, 신성神聖, 태평성대太平聖代

聖은 성인聖人을 뜻합니다. 귀 이耳자와 드릴 정呈자가 합해진 글자입니다. 어떤 것이나 들으면 잘 통하며 사리에 참되고 공평하여 덕이 드러나는 사람이란 뜻이 글자 속에 들어 있습니다. 이런 분이 성인이지요.

또 이 聖을 귀耳와 입口에 주목하여 듣는 말과 하는 말을 잘 조절할 줄 아는 사람이라고 하기도 합니다. 하긴 나쁜 말을 듣고 좋게 전달하기가 어렵지요. 이를 잘할 줄만 알면 수양修養이 필요 없는 성인이라 할 수 있습니다.

예전에는 소인小人이란 말을 많이 썼습니다. 군자君子에 상대되는 말입니다. 남의 좋은 말을 귀로 듣고는 이를 역으로 굴절하여 전달하는 부류가 소인배小人輩입니다.

사실 사람살이에서 귀와 입만큼 문제가 되는 것도 드뭅니다. 꼭 필요하면서도 부작용이 있습니다. 듣지 말아야 될 것을 듣고 이를 확대 포장하여 전달하는 경우도 있고, 침묵해야 할 곳에 침묵하지 못하여 멸문지화滅門之禍를 당한 일이 비일비재非一非再하지 않은가요? 이 위험한 입과 귀를 용의주도用意周到하게 뜻대로 다스릴 수 있다면 이는 성인입니다.

군자나 성인은 저절로 되지 않습니다. 맹자孟子는 성인이 되는 과정을 몇 단계로 구분해 설명하였습니다. 사람의 인격이 높아지는 단계를 말한 것입니다. 선인善人, 신인信人, 미인美人, 대인大人, 성인聖人, 신인神人이 그것입니다. 참으로 놀라운 일입니다. 지금부터 2,000여 년 전에 인간의 모습을 이리 구분했다는 것이 놀라운 일입니다.

선인善人은 따라해볼 만한 사람입니다. 신인信人은 선이 채워지고 싫음[惡]과 좋음[好]을 분간하는 사람입니다. 미인美人은 선을 힘써 행하여 온몸에 가득 채운 상태의 사람을 말합니다. 대인大人은 온화함이 몸에 가득하고 광채가 밖에 드러나며 아름다움이 그 속에 있고, 보탤 것이 더 없는 상태의 사람입니다. 성인聖人은 대인의 기품이 녹아 있을 뿐만 아니라 생각하고 힘쓰지 않아도 도道에 맞아 사람의 힘으로 더 이상 할 수 있는 바가 없는 사람입니다. 신인神人은 성스러워 그 사람됨을 알지 못할 묘한 사람입니다.

聖자가 들어간 말로 성현聖賢, 성역聖域, 신성神聖, 태평성대太平聖代 등이 있습니다.

後 뒤 후 뒤가 아름다워야

세한연후歲寒然後 지송백지후조知松柏之後彫

後는 '뒤', '늦다'의 뜻으로 쓰입니다. 글자의 모습이 다소 복잡합니다. '가다'의 뜻인 두인변[彳]에 작을 요幺와 뒤처질 치夊가 합해 이루어진 글자입니다. 가긴 가는데 조금씩 조금씩 뒤처져 가니 늦을 수밖에 없습니다. 그래서 '뒤' 또는 '늦다'의 뜻으로 쓰이게 되었습니다.

늦거나 뒤처지는 일은 대부분 즐거운 일이 아닌 경우가 많습니다. 모두 남보다 앞서고자 하는 것은 인지상정人之常情입니다. 더구나 오늘날은 경쟁사회입니다. 성적도 좋아야 하고, 회사생활에도 앞서야 합니다. 피아노도, 수영도, 달리기도 모두 이겨야 합니다. 공부도 예능도 체육까지도 말입니다. 그래서 뛰어야 하고 빨리빨리 해야 합니다. 그러나 경쟁은 경쟁만 가져올 뿐입니다. 뒤돌아보는 지혜도 있어야 합니다.

나의 농막農幕 입구에 오동나무가 한 그루가 있습니다. 몇십 년 묵은 것이라 둘레가 한 아름이 넘습니다. 봉황鳳凰은 오동나무가 아니면 깃들지 않고 대나무 열매가 아니면 먹지 않는다고 하지요. 그런데 이 오동나무는 봄이 되어 다른 나무들이 움트고 너

울거려도 꿈쩍을 하지 않습니다. 마치 마른 나무처럼 말입니다.

그러다가 5월에 접어들면 조금씩 움트기 시작하다가 7, 8월이 되면 잎이 활짝 피어납니다. 이때가 되면 다른 나무가 도저히 따를 수 없는 넓고 큰 잎이 너풀거립니다. 이어 피어나는 풍성한 자줏빛의 아름다운 꽃과 그 향은 정말 장관입니다. 뒤에 피어나도 다른 나무가 도저히 따르지 못하는 모습을 가진 것이 오동입니다. 그러기 위해 준비기간이 그토록 길었나 봅니다.

또 이런 말도 있습니다. "날씨가 추워진 뒤에야 소나무와 잣나무가 뒤늦게 시든다는 것을 안다."라는 말입니다. 여름철에는 소나무나 낙엽수나 전혀 색깔의 차이가 없습니다. 그러나 일단 가을이 짙어지고 서리가 내리면 달라집니다. 추풍낙엽이라는 말이 있듯이 일반 낙엽수들은 서리 한두 번에 앙상한 가지만 남고 맙니다.

소나무와 잣나무는 서리가 내리고 비바람이 쳐도 꿋꿋한 자태에 변함이 없습니다. "세한연후歲寒然後에 지송백지후조知松柏之後彫라."의 뜻이 그것입니다. 추사 김정희의 세한도歲寒圖의 주제이며, 공자님 말씀입니다.

사람으로 치면 뒤가 아름다운 사람입니다. 추사도 자기가 곤경을 겪기 전이나 곤경에 처한 뒤에나 늘 변함없었던 제자 이상적李尙迪에게 이 그림을 그려주었습니다.

人 사람 인 사람의 품격을 지녀야

인구人口, 인품人品, 일반인一般人

人은 사람을 뜻하는 글자입니다. 이 人은 사람의 모습을 형상한 글자입니다. 사람의 여러 모습 중에서 옆으로 본 모습[亻]이 人입니다. 정면에서 볼 때 서 있는 모습은 대大이고 누워 기댄 모습은 시尸입니다. 그러나 사람을 표시하는 대표적인 글자는 역시 人입니다.

우리말의 사람은 '살다'에서 나왔습니다. '살다'에 명사를 만드는 접미사 '음'이 붙어 사람이 되었습니다. 그러므로 죽은 사람은 사람이 아닙니다. 사람은 생명이 있어야 합니다.

현재 세계 인구人口가 70억이라고 하는데, 가장 우수한 사람은 누구일까요? 70억을 일렬로 세운다면 우리는 어디쯤 해당할까요? 뭘 가지고 이를 결정할 수 있을까요?

예전에는 예禮 · 악樂 · 사射 · 어御 · 서書 · 수數인 육예六藝가 있어 사람의 품격을 알아보는 척도로 삼았다고 했습니다. '예'는 형식에 따른 질서이고, '악'은 조화라 할 수 있습니다. '사'는 활쏘기이지만 그 사람의 몸가짐을 알 수 있는 놀이입니다. '어'는 말몰기입니다. 오늘로 보면 자동차 운전과 같지요. 운전 하나만 봐도 그 사람의 인품人品을 알 수 있습니다. '서'는 글씨 쓰기입니다. 글씨는 그 사람의 마음의 표현이라고까지 합니다. 곧고 반듯하게 쓰는 것이 최상입니다. 더구나 모든 것을 직접 손으로 썼던 당시야 더 말할 것이 없습니다. '수'는 판단력을 말합니다. 셈을 하는 것도 판단이고 어떤 일에 대한 대처능력도 판단입니다.

여기에다 신身과 언言이 첨가되기도 합니다. '신'은 그 사람의 외모입니다. 사람에게는 인상印象이 있습니다. 느낌이기도 한 이 인상은 흔히 관상觀相으로 생각할 수 있습니다. 얼굴모습이나 신체구조를 보고 앞날을 점치는 것이 관상이지요. 또 말도 중요합니다. 그의 성품이 말로 통해 나타납니다. 사람이 이렇게 복잡합니다. 오늘날도 사람 보는 기준이 이와 크게 다르지 않다고 할 수 있습니다.

사람을 세는 단위도 인人, 명名, 원員, 구口로 사람의 신분에 따라 다르게 사용했습니다. 관원에 속하는 사람은 몇 원員이라 하고, 일반인一般人의 수는 몇 인人이라 하며, 단체 생도들은 몇 명名, 하층의 노비들은 몇 구口라 했습니다. 구는 단순한 입의 숫자입니다. 인구라는 말이 여기서 나온 것을 아는 이가 그리 많지 않습니다.

上 위 상 윗자리의 책임

상간上干, 상고上古, 상원上元, 상선약수上善若水

上은 '위'라는 뜻으로 제일 많이 쓰입니다. 그러나 上은 '하늘', '높은 사람', '어른', '임금', '더하다' 등 많은 뜻이 있습니다. 글자의 모양은 一로 그어진 것을 기준으로 그보다 높은 곳을 뜻하는 선[丨]과 점[丶]이 합하여 上이 되었습니다. 한자는 대개 사물의 모양을 구체적으로 나타내는 상형자象形字가 많은데, 이 上은 그림의 추상화처럼 상형이 아니라 사물의 모습을 암시하고 있습니다. 이런 글자를 지사자指事字라 합니다. 글자가 암시하듯이 이 자字는 '위', '높은 곳'이 원뜻입니다. 상간上干이 그에 해당합니다. 윗사람을 범하는 것이 상간입니다.

"풀에 바람이 더해지면 반드시 쓰러진다.[草上之風必偃]"는 말이 ≪논어≫에 나옵니다. 이때 上은 '더하다'의 뜻입니다. 소인은 군자의 덕에 밀린다는 뜻입니다. 이 말은 계강자季康子라는 사람이 공자에게 정사政事를 물은 데서 나온 말입니다. "나쁜 사람을 죽이고 바른 길로 나가면 바른 정사가 되겠습니까?"라고 물었습니다. 그 말에 대한 대답입니다. "정사를 하려는 자가 어찌 죽이는 것을 가지고 묻습니까? 그대가 덕을 지닌 군자라면 소인들이 저절로 쓰러질 것입니다."라고 일깨워주신 말씀입니다.

上은 상고上古와 상원上元이라는 말도 있습니다. 상고는 옛날이라는 말이고, 상원은 대보름을 말합니다. 또 上이 들어가는 가장 널리 쓰이는 말의 하나가 상선약수上善若水가 아닌가 합니다. 이 말은 노자老子가 한 말입니다.

노자는 공자와 비슷한 시대인 춘추시대에 살았던 분입니다. 노자가 말했습니다. "이 세상 최고의 좋은 방법이 물과 같이 하는 것이다."라고 말입니다. 과연 그렇습니다. 물처럼 겸손하고 물처럼 처신한다면 반드시 성공할 것입니다. 이 말이 바로 상선약수입니다.

물은 언제나 지상의 만물을 이롭게 하지만 절대로 자기의 공功이라 내세우지 않습니다. 물은 뭇사람이 처하기 싫어하는 낮은 곳으로도 즐거이 나갑니다. 반드시 높은 곳에서 낮은 곳으로 흐릅니다. 강과 바다가 모든 골짜기의 왕이 되는 까닭도 그 처하는 자리가 낮기 때문입니다.

천하에 물보다 부드럽고 약한 것이 없지만 바위보다 더 굳고 강한 것을 뚫을 수도 있습니다. 홍수가 났을 때 그 거센 물줄기를 보시면 물이 불보다 강함을 알 수 있습니다. 이것이 노자의 물에 대한 생각입니다. 과연 상선약수입니다. 현판으로 여기저기 걸려 있는 이 말은 이런 큰 뜻을 지니고 있습니다.

君 임금 군 리더가 지킬 일

폭군暴君, 군자君子

君은 '임금'이나 '남편'이라는 뜻이 있습니다. 다스린다는 뜻의 윤尹자에 입 구口자가 합해진 글자입니다. 다스리려면 말을 해야 되겠기에 입 구口자가 들어갔습니다. 그것이 명령일 수도 있습니다. 입이 있다고 해서 아무 명령이나 하지 않습니다. 임금의 입은 법이요, 모든 사람의 전범典範이 돼야 하기 때문입니다. 君은 이런 뜻을 담은 글자입니다.

임금은 무소불위無所不爲의 권한이 있었습니다. 그 한마디가 사람을 살리기도 하고 죽이기도 했습니다. 선량한 임금을 모신 백성은 편안했고, 그렇지 못하면 고통에 시달려야 했습니다. 그것이 전제국가의 한계이고 비극입니다. 이런 임금으로 우리는 걸桀과 주紂를 말하곤 합니다. 하夏나라의 마지막 임금이 걸이고, 은殷나라의 마지막 임금이 주입니다.

폭군暴君 걸임금은 원래 자질이 뛰어난 사람이었습니다. 남다른 힘과 지력과 용기가 있었다고 합니다. 그러나 술과 여색에 빠져 나라를 망치게 했습니다. 주지육림酒池肉林이 여기에서 비롯되었습니다. 술로 연못을 만들고 고기로 숲을 만든 것이 주지

육림입니다. 3,000명의 여인들과 놀아나기 위해 만든 것이 술의 못과 고기 안주 숲입니다. 임금의 한마디면 불가능이 없었습니다. 연락宴樂에 젖으면 이처럼 엄청난 폐주廢主가 됩니다.

은나라를 세운 탕湯임금은 덕이 높은 분이었습니다. 사냥을 가도 그물을 허술하게 쳤습니다. 짐승을 잡으려면 사방에 빈틈없이 그물을 치고 몰아야 잡을 수 있는데, 탕임금은 그물을 한쪽만 치고는 사냥을 했습니다. 동쪽으로 달아날 놈은 동쪽으로 가고 서쪽으로 갈 놈은 서쪽으로 가라며 사냥을 했으니, 애초에 짐승을 깡그리 잡으려는 의도가 없었던 것입니다. 이를 본 백성들이 그의 어진 모습에 몰려들었습니다. 이것을 탕망湯網이라 합니다. 탕임금의 그물입니다. 이런 임금의 한마디는 번갯불처럼 빨리 전파되었습니다. 그리고 모두가 탕임금을 도와 흔쾌히 따른 것은 말할 것도 없습니다.

아무리 민주사회라도 구심점求心點이 있어야 합니다. 君은 오늘날의 구심점 역할을 하는 리더라 하겠습니다. 마을에는 이장里長이 君이고 읍에는 읍장이 君입니다. 다수결로 결정되는 오늘날은 이런 君이 주민의 선택으로 등장합니다.

옛날에는 이런 사람을 군자君子라 했습니다. 군자는 지위가 높거나, 덕이 출중한 사람에게 붙여주는 호칭이었습니다.

友 벗 우 손에 손잡고

붕우朋友, 죽마고우竹馬故友, 우정友情

友는 벗이라는 뜻입니다. 友는 왼손[𠂇]과 또 오른손[又]의 어울림입니다. 손에 손을 잡고 서로 협조하고 돕는다는 의미가 友의 글자 모습입니다. 친구보다 귀한 존재가 또 있을까 싶습니다. 형제처럼 가까운 친구도 있습니다. 비슷한 뜻으로 붕朋자도 있습니다. 그래서 붕우朋友라는 말이 나왔습니다.

붕우는 뜻을 같이하는 벗입니다. 붕朋이나 友가 모두 벗이라고 훈을 하지만 붕朋은 나이와 관계가 없이 뜻을 같이하는 벗이요, 友는 나이가 비슷한 죽마고우竹馬故友의 벗입니다. 이 둘이 합해져 붕우가 되면서 벗의 범주가 넓어졌습니다. 진정한 벗은 마음이 서로 통하는 친구입니다. 이 붕우는 ≪논어≫ · ≪맹자≫ · ≪중용≫에 자주 나옵니다.

친구를 논할 때 더러 소진蘇秦과 장의張儀를 자주 말합니다. 전국시대이니 2,000여 년 전 사람들입니다. 두 사람은 귀곡鬼谷 선생에게서 함께 수학한 사이였습니다. 장의는 항상 소진보다 성적이 좋았습니다. 학업을 마치고 두 사람은 각기 사회진출을 했습니다. 갖은 고생 끝에 소진이 먼저 한韓나라의 재상이 되었습니다.

백수白手로 세월을 보내던 장의는 소진이 재상이 되었다는 말을 들었습니다. 장의는 축하하는 마음으로 친구 소진을 찾아갔습니다. 그러나 소진은 멸시의 눈길과 푸대접으로 일관했습니다. 장의는 분하고 억울한 마음에 어금니를 깨물고 복수의 이를 갈았습니다.

돌아오는 길에 뜻밖에 은인을 만났습니다. 그는 장의의 포부를 듣고 후한 자금을 지원했습니다. 한이 맺힌 장의는 분발하여 소진과 적대되는 나라의 재상이 되었습니다. 드디어 보복의 날이 온 듯했습니다.

그런데 놀라운 일을 알게 되었습니다. 그를 지원해준 은인이 바로 소진의 심복이었습니다. 소진이 친구인 장의가 더욱 분발하도록 괄시와 푸대접을 하고는, 몰래 그를 뒤에서 도와준 것입니다. 이런 것이 진정한 우정友情인가 합니다. 세상이 각박해질수록 이런 진실된 친구가 그리워집니다.

그런가 하면 "붕우朋友는 불책선不責善이라."는 말도 있습니다. 친구에게 선을 강요해서는 안 된다는 뜻입니다. 한두 번은 친구를 위해 진심으로 잘하도록 타이를 수 있으나, 정도가 지나치면 사이만 멀어진다는 것입니다.

요즈음도 붕우의 도는 있습니다. 참으로 지녀야 할 인간미를 가진 사람이 예상 외로 많습니다. 그래서 세상은 살 만합니다.

訪 찾을 방 덕을 찾는 즐거움

방문訪問, 내방來訪

訪은 '찾다', '묻다', '의논하다'의 뜻으로 쓰이는 글자입니다. 말씀 언言자와 사방 방方자가 합하여 이루어진 글자입니다.

좋은 의견을 듣기 위하여 사방에서 찾아오는 것이 訪의 뜻입니다. 방문訪問이나 내방來訪이 이런 범주의 말들입니다. 어떤 사람을 찾아가 논의도 하고 문안도 드리는 것은 상대를 높이는 일입니다. 이 방문은 필요나 목적이 있는 경우에 이루어지는 것이 대부분입니다. 단순한 친교를 위한 것도 있지만 교통이 불편했던 시절에 모든 일을 뒤로 하고 상대를 찾는 데에는 이유가 있었습니다.

요즈음은 생활이 복잡하여 지인知人이 찾아오는 것이 불편할 수도 있고, 빈객賓客이니 접대接待니 하는 말이 점점 사라지고 있기도 합니다.

문화의 교류가 뜸했던 옛적에는 친구가 찾아주는 것이 즐거움이었습니다. 친구가 자기에게 뭔가를 구하려 찾아왔기 때문입니다. 자기에게 있는 것을 나누어주는 것이 큰 보람이었습니다. 그 사이 읽은 책의 내용도 전해주고 수양修養의 정도도 논의

하게 되지요. 그 결과 학식이 높아지고 인격이 더욱 고매해졌다는 소문이 친구를 통해 널리 알려지게도 됩니다.

그러니 친구도 만나고 자기 소식도 전하고 꿩 먹고 알 먹고가 되겠지요. 옛날에는 친구 집 방문이 여간 어려운 것이 아니었습니다. 그런데 가만히 앉아 친구의 방문을 받았으니 즐거울 수밖에요. 아무리 어려워도 찾아온 손님을 내치는 일은 없었습니다.

≪논어≫ 첫 부분에 "유붕有朋이 자원방래自遠方來하니 불역락호不亦樂乎아"라 하였는데, "친구가 먼 곳으로부터 덕망을 듣고 찾아오니 즐겁지 아니한가?"라는 뜻입니다. 방문을 받은 친구는 그래서 더욱 흡족할 수 있었습니다. 덕이 높으면 많은 사람들이 스스로 찾아오고, 자신의 의견을 전할 수도 있습니다. 군자는 자기 집 밖을 나가지 않아도 천하를 다스릴 수 있다는 유학의 정신을 거기서도 찾아볼 수 있습니다. 더구나 친구가 출세하여 초야에 있는 자기를 방문했다고 생각해보면 그 즐거움을 이해할 수 있을 것입니다.

남명南冥이나 퇴계退溪가 벼슬을 오래하지 않고도 많은 영향력을 미친 것은 이런 이유 때문입니다. 자기를 찾아오기도 하려니와 그들을 만나 덕을 전하여 교화에 보탬이 되게 할 수도 있었습니다.

談 말씀 담 도란도란 나누는 이야기

야담野談, 담소談笑, 덕담德談, 경험담經驗談

談은 '말씀' 또는 '이야기'의 뜻입니다. 말씀 언言자에 불꽃 염炎자가 합해서 된 글자입니다. 말에도 여러 가지 형태가 있는데 談은 도란도란 나누는 이야기에 해당합니다. 마치 화롯가나 난롯가에 마주 앉아 주거니 받거니 하며 나누는 얘기가 談입니다. 야담野談이니 담소談笑니 덕담德談이니 하는 말들이 모두 그렇습니다.

요즈음은 이런 담소를 나누던 사랑방이 사라졌습니다. 대신 경로당敬老堂이 마을마다 생겼지요. 예전에는 경로당이 없어도 경로가 잘되었고, 복지라는 말이 없어도 저절로 복지가 해결되었습니다. 지금은 곳곳마다 복지관을 짓고 복지사가 있어도 역시 부족한 것이 복지대책인 듯합니다.

사랑방은 마을 사람들의 휴식처요 놀이터였습니다. 저녁마다 모여 그날의 소식들이 전해지는 장소요, 얘기꽃이 피는 담소장이었습니다. 사랑방에는 앉는 자리가 연장자年長者 위주였지요. 가장 따뜻한 구들목이 연장자의 자리입니다. 연장자를 중심으로 모인 사람들이 둘러앉습니다. 하나의 구심점이 되는 거지요.

그러다가 사랑방에도 보일러가 들어오자 구들목이 없어져버렸습니다. 방의 어디든 따뜻해졌습니다. 모두가 구들목입니다. 그 바람에 어른 자리나 애들 자리나 구분이 없어졌습니다. 동시에 구심점도 없어졌습니다. 어쨌든 사랑방 시절에는 다양한 경험담經驗談, 농사 이야기, 새 소식 등이 밤늦도록 전해졌습니다.

단골메뉴가 옛날 얘기였습니다. 특별히 입담이 좋은 분이 있지요. 구수하고 감칠맛 나는 아저씨, 그를 통해 우리의 민담民譚도 민속도 자연스레 전해졌습니다. 마치 시리즈로 연재하듯이 하나씩 하나씩 이어가던 얘기가 흥미를 끌었습니다. 책이 아닌 구전口傳의 현장이 바로 사랑방이었습니다.

연초가 되면 덕담도 나누었습니다. 덕스러운 이야기가 덕담입니다. 대체로 상대방이 잘되기를 바라는 마음에서 축원하는 내용의 말입니다. 윗사람이 아랫사람에게 내리는 말입니다. 그 유래는 원시 신앙에서 시작되었는데, 무당의 굿에 덕담이 있는 것을 보면 그 연원이 오래임을 알 수 있습니다. 이 말은 언어의 주술성呪術性을 믿는 데에서 일반화되었습니다. 말이 씨가 된다고 했습니다. 말한 대로 이루어지는 것을 전제로 덕담이 성행했습니다. 談은 이처럼 우리와 밀접한 글자입니다.

宅 집 택 선비들의 집들이

입택入宅, 입택우하入宅于河

宅은 집이라는 뜻입니다. 집 면宀자에 맡길 탁乇자가 합해진 글자입니다. 사람이 깃들어 생활하는 곳이 집입니다. 자기 소유의 집이 없으면 남의 집 셋방을 살아야 합니다. 그러다가 간신히 자기 소유의 집을 장만하면 장가들 듯, 아들을 얻은 듯 즐거워합니다. 그래서 친지를 모아 입택入宅 행사도 빈번히 했습니다.

입택入宅은 '집들이'를 말합니다. 요즈음은 집들이 대신에 '집알이'라고 한다는 말을 들었습니다. 집들이라고 하면 음식을 잘 준비하고 손님을 맞아 정성껏 접대해야 하는 행사입니다. 그러나 집알이라고 하면 간단히 집의 위치나 알려주고 차나 한잔 나누는 정도로 그치는 행사이지요.

처음으로 집을 사서 입주를 하고 손님을 청하는 것은 큰 즐거움이었습니다. 부인들의 수고로움은 고려되지 않던 시절의 이야기입니다. 많은 사람들이 그 집을 돌아보고 지신地神을 밟아주어야 복을 받게 된다고 믿었습니다.

입택은 ≪서경書經≫ 〈상서商書〉에 나오는 말입니다. '입택우하入宅于河'에서 취한 말입니다. "하河 지방에 가서 살아보게 했다."는 말입니다. 왕이 왕자에게 그 지방에 사는 민간의 고통과 어려움을 알아보게 하려고 그곳에 가서 살게 한 데서 연유했습니다.

우리 옛 선비들은 입택놀이가 매우 흥미로웠습니다. 그들은 집들이에서도 풍류를 즐겼습니다. 시조창을 하거나 한시 짓기 놀이를 했습니다. 오늘날 놀이와는 다른 분위기입니다. 옛 선비들의 놀이문화의 단면을 볼 수 있습니다. 한시 짓기 놀이의 모습은 이렇습니다.

어느 선비가 "조거지이월鳥去枝二月이요.(새가 날아가니 나뭇가지가 흔들흔들)" 하고 읊으면, 좌중에 누군가가 얼른 "풍취엽팔분風吹葉八分이네.(바람이 부니 나뭇잎이 너풀너풀)"라고 대꾸를 합니다. 그 뜻을 풀이하며 서로 박장대소를 합니다. 참으로 언어유희입니다.

또 어느 선비가 "등산조래갱登山鳥萊羹이요.(산에 오르니 새가 쑥국쑥국)" 하면, 잇달아 "임해어초병臨海魚草餠이네.(바다에 가니 물고기가 풀떡풀떡)"라고 응수합니다. 그러면서 은연 중 재주를 겨루고, 서로 상대방의 기지를 칭찬하고 친교를 맺었습니다.

姓 성씨 성 명문가의 전통

성씨姓氏, 백성百姓

몇 해 전 이야기입니다. 경북 영해寧海 고을에 잔치가 있었습니다. 재령載寧 이씨李氏네가 영해 고을에 입향入鄕한 지 500주년을 기념하는 잔치였습니다. 이 집안에서 갈암葛菴 이현일李玄逸 선생을 비롯한 많은 유학자들이 나왔습니다. 퇴계退溪의 학통學統을 이은 이현일 선생은 당시에 크게 문명文名을 떨친 분입니다. 오늘날은 얼마 전까지 삼보컴퓨터를 창립 운영하던 이용태李龍兌 회장이 가문의 대를 잇고 있습니다. 정치인 이재오李在伍, 소설가 이문열李文烈 씨도 그 후손들입니다. 한학漢學의 대가 이정섭李廷燮 선생도 이 가문 사람입니다.

놀라운 것은 500명이 넘는 하객이 모였다는 사실입니다. 그것도 경상도의 좌도 우도를 가릴 것 없이 말입니다. 더러 대문중大門中도 있고 소문중도 있었습니다. 각각 자기 문중을 대표하여 참석한 것입니다. 21세기 최첨단에 산다는 요즈음에 이런 행사가 이루어진다는 것이 신선한 충격이 아닐 수 없었습니다.

오후가 되자 재령 이씨의 종손이 사는 종가댁宗家宅의 대청마루에 정좌하기 시작했습니다. 두루마기와 도포, 그리고 갓은 필

수 요건이었습니다. 그 넓은 마루에 도포와 갓으로 정장한 이가 차고 넘쳐 마당에까지 진을 쳤습니다. 본부석에는 안동 김씨 종손, 안동 권씨 종손, 하회 류씨 종손, 퇴계 종손, 의성 김씨 종손 등 모두가 90객이어서 옆자리에라도 끼어 앉았으며, 밀리고 밀려서 마당을 가득 채웠습니다.

그 분위기로 보아 말석에라도 참석하지 못한 문중門中은, 앞으로 공론과 여론 형성에 도저히 행세를 할 수 없을 듯해 보였습니다. 옛날 영남 선비들이 모여 상소문上疏文을 작성할 때의 모습처럼 숙연했습니다. 행사 절차를 논하고, 각자의 주장을 세우는 모습이 다수결의 숫자보다 논리적인 면도 있었습니다. 행사의 절차를 논하고 유사有司의 직책을 따지는 자리는 엄숙한 토론장이고 의견수렴 과정이 엄격했습니다. 여러 성씨姓氏들이 가문을 대표하여 의견을 내고, 자리를 빛내는 광경은 가히 장관이었습니다. 지금도 이런 행사가 있으니, 우리의 전통은 결코 사라지지 않으리라는 생각을 하게 했습니다.

姓과 씨氏는 다릅니다. 쉽게 말해보자면 경주慶州 김씨金氏의 경우 姓은 김이고 씨氏는 경주라고 할 수 있습니다. 姓은 원래 중국의 모계사회에서 발생한 것을 빌려쓰기 때문에 한자에 계집 녀女 변이 있고, 씨氏는 본관本貫과 비슷한데 경주에서 벼슬하던 집이라는 의미가 들어 있습니다. 그리고 많은 姓들의 집합체를 이르는 백성百姓은 국민이란 뜻이 되었습니다.

家 집 가 피붙이의 집단

가족家族, 분가分家, 일가一家, 수신제가修身齊家

家는 집이란 뜻입니다. 움집의 위를 덮어씌운 형상을 본뜬 글자입니다. 그 움집 속에 돼지 시豕자가 들어 있는 모습[家]입니다. 농경시대의 집의 모습입니다. 이 속에 부모형제들이 어울려 사는 것입니다. 이 원시형의 집이 전殿이 되고 궁宮이 되고 루樓가 되었습니다. 아기 예수님도 말구유에서 났고, 아브라함 링컨도 통나무집에서 꿈을 키웠습니다. 오늘날의 家는 아파트가 주종을 이루고 있습니다.

집이 없어본 사람이 아니면 그 귀함을 모릅니다. 집의 전 단계는 전세방이고, 그 전 단계는 사글셋방입니다. 60년대 후반에 월세방에서 출발한 경험이 있습니다. 방이래야 사과 궤짝으로 된 책상 하나가 고작이었습니다. 그러다가 결혼을 하고 아이가 나면서 전세방을 구하는 것도 쉽지 않았습니다. 주인의 눈치 보느라 조심조심했던 기억이 새롭습니다. 나만 그런 것이 아니었습니다. 우리 세대의 모두가 그리 살았습니다. 당시 나는 번듯한 중등 교사였으니 인텔리라 할 만했습니다. 오늘의 신세대들이 이렇게 살아온 구세대의 생활상을 알고 있을까 생각해봅니다.

家는 아무래도 건물보다 가족家族 개념이 앞섭니다. 얼마나 정감 어린 식구들입니까? 이제 자라 분가分家하여 어엿이 살고 있지만 한솥밥을 먹으며 미운 정 고운 정이 얼기설기 밴 것이 가족입니다. 위급하면 서로의 장기를 떼어주기도 하고, 생명까지도 가족을 위해 바치기도 합니다.

일가一家라는 말은 오래 전에 생긴 말입니다. 같은 성받이가 일가인 것입니다. 동고조팔촌同高祖八寸도 그래서 널리 쓰이고 있습니다. 부-조부-증조부-고조부로 올라갔을 때 후손들끼리 고조부가 같은 분이면 8촌 이내의 친척이 됩니다. 이것이 동고조팔촌입니다. 대가족 제도였던 당시에는 이들이 모두 한 울타리 안에서 살았습니다.

수신제가修身齊家라는 것은 "자신을 수양하여 집안을 가지런히 한다."는 뜻입니다. 사촌끼리, 심하면 형제끼리 서로 같은 지역의 지방의회에 출마하는 경우를 본 적이 있습니다. 이런 사람들은 수신修身부터 해야 할 사람들입니다. 제가齊家가 되려면 수신이 되어야 하지요. 家의 의미를 깊이 생각해볼 일입니다.

鄕 시골 향 향리의 위선자

고향故鄕, 향원鄕原

鄕은 '시골'이라는 뜻입니다. 鄕의 가운데 부분이 음식[食]입니다. 음식을 가운데 놓고 둘러앉은 형상[]에서 나온 글자입니다. 시골생활을 해본 사람은 이 글자만 보아도 고향故鄕의 정취를 느낄 수 있을 것입니다. 짐승도 제 태어난 곳을 지날 때는 울며 지난다는 말이 있는데 사람이야 말해 무엇하겠습니까? 고향의 鄕이 이 글자입니다. 향원鄕原이라는 말도 그래서 나왔습니다.

향원은 위선적인 사람을 뜻합니다. 향리에서 선량을 가장하여 신망을 얻은 사람입니다. 공자는 이 향원을 덕을 해치는 사람이라 하여 통렬히 비난했습니다. ≪논어論語≫ 〈양화陽貨〉에 나오는 말입니다. 향원이라는 말을 듣고도 그 의미를 모른다면 식자識者라고 하기 어렵습니다.

그리고 공자는 이 향원 같은 사람은 자신의 집 앞을 지나면서 들어와 문안하지 않아도 아무 유감이 없는 사람이라고 했습니다. "대문 앞을 지나면서도 들어오지 않는다."는 말을 한자로 과문불입過門不入이라 합니다.

도회와 달리 시골에 살다보면 사람이 그리울 때가 많습니다. 온종일 적막할 때 아는 사람이 지나가다가 정담을 나누다 가면 반갑고, 즐거운 일입니다. 개인적인 안부에서부터 아는 사람들의 이야기 그리고 세상 돌아가는 얘기를 주고받는 것은 기다려지는 일입니다.

그럼에도 들어오지 않는 것이 좋다는 것은 참으로 깊은 질책의 의미가 들어 있습니다. 향원이라는 부류의 사람은 질책하고자 해도 꼭 집어 이것이 나쁘다고 지적할 것이 없으면서도 바르지 않은 사람입니다. 또 빗대어 가르쳐주고자 해도 풍자할 마땅한 것이 없는 인물입니다. 충신이 아님에도 불구하고 천하의 제일가는 충신 같고, 깨끗하고 결백한 사람이 아님에도 불구하고 가장 깨끗하고 결백한 듯이 보이는 사람이 향원입니다. 여기서도 허허, 저기서도 허허 하면서 모나지 않고, 이것도 좋고 저것도 좋은, 더운 물에 찬물을 탄 것 같은 인간이 향원입니다.

선거철만 되면, 자신을 위한 치열한 수양도 없고, 자기 가족이나 가까운 친족과도 화합하지 못하고, 이웃을 향한 봉사도 없으면서 지역대표로 출마하려는 사람이 많습니다. 이제는 선거에서 이런 향원의 부류를 국민이 가려내어 걸러야 합니다.

治 다스릴 치 세상을 경륜하라

통치統治, 치안治安, 치세治世, 치인治人, 치어인治於人, 법치法治, 인치人治, 무위치無爲治, 일치일란一治一亂, 치란治亂

治는 '다스리다', '고치다' 등의 뜻으로 쓰입니다. 글자의 모양에 물[氵]이 있는 것으로 보아 '다스리다'라는 말은 물과 관계가 깊은 듯합니다. 물을 잘 다스리는 일만큼 중요한 일이 없었습니다. 문명이 발달한 오늘날도 홍수 관리가 쉽지 않습니다. 더구나 나무 위에 집을 짓고 살고 흙을 판 굴에서 살던 옛날은 물관리가 바로 나라 통치統治의 중심이었습니다.

요堯임금이 우禹를 등용한 것도 물 때문이었습니다. 우가 물을 다스린 방법은 아주 간단했습니다. 물이 가는 길을 따라 땅을 파서 길을 내주는 것이었습니다. 그러자 물은 자연히 바다로 흘러들었습니다. 그리고는 세상이 다스려지고 편안해졌습니다. 치안治安이 된 것입니다. 편안해지자 치세治世가 한동안 이루어졌지요.

세상은 한 번 다스려지면 한 번 혼란이 옵니다. 이를 일컬어 기화氣化의 성쇠와 인사人事의 득실이 반복된다고 하는 것입니다. 이것이 세상의 이치입니다.

우는 지혜로운 분이었습니다. 물의 성질을 거스르지 않고 순리를 따라 물길을 터주었습니다. 이처럼 사람에도 등급이 있습니다. 사람에 따라 치인治人을 하기도 하고, 치어인治於人되기도 합니다. 다른 사람을 다스리는 사람이 우임금 같은 치인이고, 그런 사람에게 부림을 당하는 사람이 치어인입니다.

치인을 하는 사람은 반드시 법치法治를 해야 합니다. 우리도 한때 법 따로 다스림 따로인 때도 있었지요. 그때는 인치人治가 판을 칩니다. 사람이 멋대로 다스리는 것이 인치입니다. 이런 혼란을 걱정한 어느 성인은 무위치無爲治를 주장하기도 했습니다. 다스릴 것이 아니라 내버려두면 저절로 질서를 잡아 잘 다스려진다는 것입니다.

어느 방식이든 세상은 한 번 다스려지면 한 번 혼란이 옵니다. 이것이 이른바 ≪맹자≫의 "일치일란一治一亂"입니다. 요순堯舜이 있은 뒤에는 걸주桀紂가 오고, 걸주가 가면 다시 문왕文王·무왕文王이 온다는 것이지요.

인류 역사는 이 치란治亂의 반복이었습니다. 어느 한 왕조에만 기회를 주지 않았습니다. 왕조만 그런 것이 아니라 가문이나 개인도 이 치란의 반복입니다. 자손의 잘남이나 못남도 하늘의 뜻입니다.

2장 스스로 닦아라

己 자기 기 스스로 귀해야

자기自己, 극기克己, 사기舍己, 지피지기知彼知己, 지기知己

근는 '몸', '자기'라는 뜻으로 쓰입니다. 글자 모양이 꿇어앉아 앞으로 숙인 것을 본뜨고 있습니다. 이 글자는 '이미'라는 뜻을 가진 이已자와 뱀 사巳자와 그 모양이 비슷하여 혼동하기가 쉽습니다. 더구나 옛날 한적漢籍에는 구분 없이 쓴 것도 많아 경우에 따라 잘 읽어야 합니다. 글자의 생김새를 잘 보면 구별할 수도 있기는 합니다.

세상에 자기自己보다 중한 것이 없습니다. 자기가 있어야 모든 것이 존재합니다. 그러므로 자기를 잘 기르는 것보다 귀한 일이 없습니다. 자존감自尊感도 그래서 지켜야 하는 것입니다.

가끔 우리는 스스로를 속이는 행동을 합니다. 잘못임을 알면서 하는 일이지요. 이것을 자기自欺라 합니다. 속임 중에 가장 경계해야 하는 것이라고 어른들이 일러왔습니다.

자기를 하지 않으려면 극기克己를 할 수 있어야 합니다. 극기는 스스로를 이기는 것을 말합니다. 좀 어려운 일입니다. 여기서 극克은 이기는 것을 말합니다. 그리고 스스로를 말하는 근는 자기의 사욕私慾을 말합니다. 그러니까 극기는 자기가 지니고 있는 사적인 욕망을 이긴다는 말입니다. 이 얼마나 어려운 일입니까? 누구를 막론하고 이기적인 욕심이 없는 사람이 없습니다. 이 이기적인 욕심을 떨쳐버리는 것이 극기입니다. 그것이 어진 본바탕의 마음으로 돌아가는 길이라고 합니다.

사기舍己라는 말도 자기를 버린다는 뜻입니다. 사舍가 여기서는 버릴 사捨와 같은 뜻으로 '버리다'의 뜻입니다. 자기가 지니고 있는 아집이나 헛된 욕구를 모두 버리는 것이 사기입니다. 그러면 극기에 가까워집니다.

또 지피지기知彼知己에도 己가 나옵니다. 상대인 피彼를 알고 자기 자신을 아는 것이지요. 그러면 인간관계를 맺거나 무슨 일을 도모함에 어려움이 없을 겁니다. 이 말은 병법兵法에서 나왔습니다. 손자孫子의 병법에는 상대를 알고 나를 알면 백 번 싸워도 위태롭지 않다고 했습니다. 이것이 백전불태百戰不殆입니다. 전쟁에는 상대를 모르고 하는 경우도 있습니다. 나만 알고 상대를 모르고 전쟁을 하면 한 번 이기고 한 번은 지게 되며, 또 상대도 모르고 나도 모르고 전쟁을 하면 백 번이면 백 번 모두 위태롭다고 했습니다.

지기知己는 자기가 스스로를 안다는 뜻도 있지만, 남이 자기를 알아주는 것도 지기입니다. 좋은 친구를 말합니다. 이를 지음知音이라고도 합니다.

矢 화살 시 화살보다는 방패를

시인矢人, 시언矢言, 시심矢心

矢는 화살을 말합니다. 화살의 모양을 본뜬 글자[illegible]입니다. 화살은 전통시대에는 무기로 긴요했지요. 화살이 없으면 국방이 되지 않으니까요. 그래서 동족을 나타내는 족族자 속에도 화살 矢가 들어 있습니다. 화살을 뺀 부분[㫃]은 깃발의 상형[illegible]이구요. 깃발과 화살이 펄럭이면 자기편임을 알 수 있었던 겁니다.

矢가 들어간 단어로 시인矢人이 있습니다. 시인은 직업적으로 화살을 만드는 사람을 말합니다. 직업으로 화살을 만드는 사람이 있는가 하면, 그 반대로 함인函人도 있습니다. 함인은 화살을 막는 방패를 만드는 사람입니다. 시인이나 함인 모두 생업을 위한 방편으로 하는 일들입니다.

그런데 시인은 화살을 만들면서 어떤 생각을 할까요? 그는 아마도 날카로운 화살촉을 생각할 겁니다. 어떻게 만들어야 이 화살이 튼튼한 방패를 뚫을 것인가를 생각할 겁니다. 그리고는 어떻게 해야 상대를 제압할 수 있을까 연구할 것입니다.

함인은 이와 반대지요. 어떻게 만들면 이 방패가 사람을 다치지 않도록 만들 수 있을까 고민할 겁니다. 날카로운 화살촉의 공격을 생각하면서 말입니다.

똑같이 생활의 방편으로 하는 일인데, 이렇게 하기를 수십 년 반복하면 자신도 모르게 두 사람의 인성人性은 상당히 변해 있다고 맹자孟子는 말씀하십니다. 마치 화장실에 한 번 갔다 와서는 아무 흔적이 없지만 자주 들락거리면 냄새가 배는 것과 같은 이치입니다.

하긴 몇 년 전에 이천에 있는 맥주 공장을 견학한 일이 있습니다. 맥주가 완성되어 나오는 지점에 스무 살 남짓한 종업원들이 적당한 간격으로 서 있었습니다. 그들은 완성된 맥주병이 쓰러지면 얼른 바로 세우는 작업을 하고 있었습니다. 온종일 말입니다. 그들은 종일 무슨 생각을 할까요?

맹자는 직업을 갖되 가려야 한다고 했습니다. 화살 만드는 것보다는, 천賤하더라도 또는 수입이 적더라도 무당巫堂이나 장인匠人이 낫다고 했습니다. 둘 다 남을 위해 축복해주는 직업이라는 거지요.

矢자는 '맹세하다'의 뜻으로도 씁니다. 굳게 맹세하는 말을 뜻하는 시언矢言, 마음속으로 맹세한다는 뜻의 시심矢心이 그러한 뜻입니다.

器 그릇 기 다양한 그릇이 돼야

군자불기君子不器, 토기土器

器는 그릇이란 뜻입니다. 글자의 모양이 재미있습니다. 개 견犬자를 중심으로 입 구口자 넷이 모여 있습니다. 이는 제사에 쓰던 개고기를 담아두던 데에서 유래한 글자입니다. 그래서 이 器라는 글자는 개고기를 담아 여럿이 나누어 먹는 그릇이라는 의미도 가지게 되었습니다. 개고기는 3,000년 전부터 우리와 관련 깊은 음식이었습니다.

갑자기 사돈이 와도 개를 잡았고 선비들이 모여도 개를 잡았습니다. 유육儒肉도 그래서 나온 말입니다. 개고기와 의미가 닿는 한자가 예상 외로 많습니다. 연然은 개고기를 불에 굽는 모습이고, 드릴 헌獻도 개고기를 삶아 바친다는 뜻이 들어 있습니다.

어쨌든 器는 그릇입니다. 이 器에 불不이 붙어 불기不器라는 말이 있습니다. '군자불기君子不器'라는 말이 그것입니다.

불기는 '그릇이기는 하지만 단순한 그릇이 아니다.'라는 뜻입니다. 곧 어느 한 가지 용도로만 쓰이는 게 아니라 다양한 용도를 지닌 그릇이라는 말입니다. 종지나 사발 등 한 가지에만 쓰이는 그릇은 군자라 할 수 없습니다. 문제는 그릇입니다. 그릇은 그 용도가 각기 다르고 모양이나 크기가 서로 다릅니다. 옥으로 된 그릇도 있고, 유리로 된 그릇도 있으며, 흙으로 만든 토기土器도 있습니다. 큰 그릇도 있고, 작은 그릇도 있고, 예쁜 그릇도 있고, 못생긴 그릇도 있습니다.

그러나 어떤 그릇이 제일 좋다고 하기는 어렵습니다. 각각 용도가 있고 소임이 다르기 때문입니다. 밥그릇, 국그릇, 김치그릇, 찌개그릇 등 모두 필요합니다. 이중에 하나라도 없으면 생활에 불편을 줍니다. 서로 보완하며 생활용구로 쓰이기도 하고, 어떤 경우는 장식용으로만 쓰이기도 합니다. 깨끗한 것도 있고 거친 것도 있습니다. 그런데 대부분의 그릇은 한 가지 용도로만 쓰입니다. 이를 사람에 견주면 한 가지 기技나 예藝만 가지고 다른 역할은 전혀 할 줄 모르는 것에 비유할 수 있습니다.

≪논어論語≫ 〈위정爲政〉에 "군자불기君子不器"라는 말이 있습니다. "군자는 한 가지에만 쓰이는 그릇이 되어서는 안 된다."는 말입니다. 군자는 덕이 있고 도량이 큰 유능한 지도자라야 합니다. 경우에 따라 학자도, 정치가도, 사업가도 될 수 있어야 군자입니다. 그러면서 어느 역할을 해도 떳떳하고 정당하며 남들에게 널리 인정받을 수 있어야 군자입니다. 이것이 불기의 뜻입니다.

능대능소能大能小라는 말이 있거니와, 일정한 틀에만 매이지 않는 유연한 마인드를 지닌 것이 불기의 의미입니다.

大 큰 대 마음이 넓고 커야

대기만성大器晩成, 대장부大丈夫, 대도大道, 대학大學

大는 '크다'는 뜻입니다. 사람이 두 팔을 벌리고 서 있는 모습을 본 뜬 글자입니다. 가로로 그은 一은 팔이고 사람 人이 그 속에 있습니다.

사람은 모름지기 커야 합니다. 몸보다는 마음이 커야 합니다. 크고 넓어야 합니다. 이 크고 넓은 곳을 채우려면 시간과 물질과 노력이 들어야 합니다. 이른바 대기만성大器晩成이지요. 큰 그릇은 늦게 이루어진다는 뜻입니다. 아주 큰 네모는 구석이 없고, 아주 가치 있는 그릇은 늦게 이루어집니다.

마음이 큰 사람을 대장부大丈夫라 합니다. 대장부는 대도大道를 걸으며, 대도를 실천하는 사람입니다. 그리고 이룬 공로를 민중과 함께 즐기는 인물입니다. 부귀해도 들뜨지 않고 가난해도 그의 마음을 움직이지 못합니다. 위협이나 협박도 굴복시킬 수 없는 사람이 대장부입니다.

큰 종이나 큰 솥은 쉽게 만들어지지 않습니다. 쉽게 만들어졌다면 가치가 없습니다. 오랜 시일과 끝임 없는 노력이 투여된 뒤에야 명품은 탄생됩니다. 에밀레종이 그렇습니다. 인물도 그렸습니다. 하루아침에 되는 것이 아닙니다. 각고의 노력과 오랜 기다림, 많은 이의 도움 이런 것이 모여서 이루어집니다.

여담입니다. 간혹 우리는 비행기의 추락사고를 봅니다. 안타까운 일이지요. 비행기 한 대의 값이 수백 억이 된다고 합니다. 그럼에도 우리는 비행기보다 조종사의 죽음을 더욱 애석해합니다. 조종사 하나를 기르려면 30년의 세월이 필요합니다. 이것이 대기만성입니다. 이런 분은 반드시 인정해주고 알아주는 사람이 있습니다. 大에는 이처럼 좋은 말이 많습니다.

≪대학大學≫은 사서四書의 하나입니다. 옛적에는 서당교육이 보편적이라, ≪천자문千字文≫을 통하여 기본 글자를 익히고, ≪사자소학四字小學≫, ≪명심보감明心寶鑑≫, ≪통감通鑑≫, ≪소학小學≫을 차례로 배웠습니다.

그리고 배우는 교과서가 ≪대학≫이었으니 ≪대학≫은 본격적인 유학 경전이라 할 수 있습니다. 이 책의 내용은 3강령綱領과 8조목條目이 주요 핵심입니다. 이 3강령과 8조목을 쉽게 그리고 짧은 글로 말하기란 불가능하지만, 그 요체만 얘기하면 오늘날 정치학 원론에 해당하는 내용이라 할 수 있습니다. 곧 인간의 수양과 통치 이념을 담고 있습니다. 대체로 십대 중반의 세대가 읽었던 책인데, 옛사람들의 조숙함은 교육에 기인한 것을 여기서도 알 수 있습니다.

木 나무 목 질박하게 순수하게

목재木材, 목공木工, 목기木器, 목탁木鐸, 목어木魚, 목눌木訥,
우산지목牛山之木, 목인석심木人石心

木은 '나무', '질박하다' 등의 뜻을 가진 글자입니다. 木의 글자 모양은 식물이 땅에 뿌리를 내리고 솟아 자라남을 상형[⽊]한 글자입니다.

이 나무는 맑은 물의 원천이 되고, 공기를 정화해주며, 목재木材를 생산하여 사람들을 이롭게 합니다. 木은 오행의 하나로 동쪽 방위를 뜻하며 사계로는 봄에 해당합니다. 봄날 동쪽 언덕에 솟아나는 푸른 새싹들은 木과 관련이 깊습니다.

나무를 잘 다루는 목공木工이 만든 목기木器는 크게 유용한 도구가 되고, 사람들에게 경각심을 일으키는 목탁木鐸이나 목어木魚도 나무로 만들어지는 물건들입니다. 목어는 물고기 모양으로 만들어진 것으로 불경을 읽을 때 두드리는 용구입니다. 물고기는 밤낮 눈을 뜨고 있으므로 이처럼 부단히 수양하라는 의미도 담고 있습니다.

순박하고 말이 적은 사람을 목눌木訥이라고 합니다. 나무는 말이 없습니다. 거기다가 '말더듬거리다'라는 뜻을 가진 눌訥을 보태어 목눌이라는 말이 나왔습니다. 말을 거침없이 잘하는 것보다 자기가 한 말을 지키는 사람이 훌륭한 사람입니다.

요즈음은 마이크가 발달하고, 매스컴이 있어 꼭 말을 잘해야 할 필요가 많아졌습니다. 대신 인품이 좋아야 할 듯합니다.

우산지목牛山之木도 알아둘 만한 말입니다. 우산에 자라는 나무라는 말입니다. 이 산은 원래 아름다운 나무가 울창했습니다. 그런데 도회지 바로 옆에 있어서 사람들이 나무를 모두 찍어 갔습니다. 찍힌 나무 그루터기들은 다시 새로운 움을 틔우며 돋아났습니다. 이번에는 소와 양들이 몰려와 그 싹들을 모두 뜯어 먹어버렸습니다. 그 뜯긴 나무들은 밤사이 또 새로운 싹을 틔웁니다. 그러나 또 짐승들의 공격을 당합니다. 결국 나무 없는 민둥산이 되어버렸습니다. 나무 없는 산은 산으로서의 가치가 줄어들지요. 사람에게 인품이 부족한 것처럼 말입니다.

목인석심木人石心도 그래서 나온 말입니다. 진晉나라의 하통夏統은 학문이 깊은 선비였습니다. 당시 가충賈充이라는 사람이 하통을 유혹하여 자기편으로 만들려 했습니다. 권력도 주고, 돈도 주고, 미인으로 유혹도 했습니다. 그러나 조금도 움직이지 않자 가충이 탄식하며 한 말에서 목인석심이 유래되었습니다. 지조와 철학이 있는 사람입니다.

仁 어질 인 하늘과 땅을 닮으라

인의예지신仁義禮智信, 인자무적仁者無敵

仁자는 '어질다'라는 뜻이 있습니다. '어질다'가 어떤 것을 말하느냐고 질문을 받으면 한마디로 명쾌하게 답하기가 어렵습니다. 남을 포용하여 사랑해주고, 자기에게 있는 덕을 베푸는 행동이라는 정도로 대답하기 십상입니다.

仁자를 잘 살펴보면 사람인변[亻]에 두 이二자가 합해져 있습니다. 이 두 이二자는 위 가닥은 하늘을 뜻하고 아래 가닥은 땅을 가리킨다고 합니다. 이 하늘과 땅을 사람이 안고 있는 글자가 仁입니다. 그러고 보면 간단하게 생긴 이 仁자에 매우 큰 뜻이 있음을 알 수 있습니다. 바로 ≪주역≫의 건괘乾卦인 ☰이 변형된 글자인 것입니다. ☰의 가장 위는 하늘을 뜻하고, 중간은 사람을 뜻하며, 제일 아래가 땅을 뜻합니다. 중간에 있던 사람의 괘가 빠져 나와 仁이 된 형태입니다.

仁자는 이렇게 만들어졌습니다. 이는 사람이 하늘과 땅을 닮으려고 한 모습이라 할 수 있습니다.

하늘은 인간에게 어떤 존재인가요? 하늘은 인간에게 무한한 공간과 자원을 공급합니다. 공기도 주고 물도 주고 햇빛도 줍니다.

이 하늘의 혜택이 없으면 인간은 하루도 살 수 없습니다. 그럼에도 하늘은 자기 자랑을 하는 법이 없습니다. 좋은 사람이나 나쁜 사람이나 조금도 차별하지 않습니다. 이것이 하늘입니다.

또 땅은 인간에 대해서 어떤 존재인가요? 사람이 기대어 살게 해주고, 온갖 식물, 오곡백과五穀百果를 자라게 해줍니다. 광물도 제공합니다. 인간들이 파헤치거나 괴롭혀도 불평하지 않습니다. 말이 없습니다. 이것이 땅입니다.

仁자는 사람이 그런 하늘과 땅을 안고 있는 모습입니다. 닮아보려 하는 것이지요. 온 천하를 먹여 살리면서도 한마디 자기 자랑도 하지 않는 것이 하늘이요, 땅입니다. 이것이 '어질다'의 근본 뜻입니다. 인의예지신仁義禮智信의 맨 처음이지요.

생각해보면 하늘은 한 번도 인간을 속이는 일이 없습니다. 밤이 지나면 반드시 아침이 오고, 여름이 지나면 반드시 가을이 옵니다. 사람이 이런 일을 맡아 했다면 어찌 되었을까요? 변덕을 부리고 허세를 부리지 않았을까요? 내가 어떻게 했노라고 자랑하고 뻐기지 않았을까요?

그래서 인자무적仁者無敵이라 했습니다. 어진 사람은 이에 맞설 상대가 없다는 말입니다. 상대가 없으니, 원수가 있을 수 없습니다. 아주 큰 사람은 욕심이 없다고 합니다. 예수님이 큰 예배당을 탐낸 일도 없었고, 부처님이 큰 법당을 소유한 일도 없었습니다.

安 편안 안 편하면 죽는다

편안便安, 안락安樂

安은 '편안하다'는 뜻입니다. 대개의 사람들은 마음과 몸의 편안便安함을 추구합니다. 이를 얻기 위해 경쟁도 하고 부지런히 노력도 합니다.

이 글자는 집을 뜻하는 면宀자에 계집 녀女자가 합해진 글자입니다. 집 안에 여자가 있다는 의미지요, 그러면 집 안의 여러 가지 일이 잘 정리되어 편안해진다 하여 만들어진 글자입니다.

"너무 편하면 오히려 나태懶怠해질 수도 있다. 우환憂患이 있으면 살아나고, 안락安樂하면 죽는다."는 말도 만고의 진리입니다.

사자가 낮잠을 잡니다. 이때 쇠파리가 귀찮게 합니다. 이를 쫓으려 귀나 고개를 움직이게 하는 것이 도리어 사자를 도운다고 합니다. 아무런 스트레스가 없는 사자는 나태해져 힘이 약해진다고 합니다. 미꾸라지도 그렇다 하네요. 아무런 천적天敵이 없는 상태의 미꾸라지는 늘어지고 흐물흐물해진다고 합니다. 그러나 미꾸라지 속에 메기를 풀어놓으면, 잡혀 먹히지 않으려고 움직여 더욱 생명력이 강해진다고 합니다. 묘한 조화입니다.

자녀도 지나치게 보호하면 조장助長이 됩니다. 연필도 깎아주고, 가까운 거리에 있는 학교도 승용차로 태워주고, 원하는 것마다 모든 것을 다 해주는 것은 과보호입니다. 더러 부족해서 요구할 사항이 있어야 합니다. 너무 편안하게 해주는 것은 도우는 것이 아닙니다. 더러는 지쳐 피곤하게도 하고, 때로는 궁핍하여 배고픔도 참도록 하며, 경우에 따라 일이 꼬이게도 되고, 더러 답답함도 경험해야 합니다. 이런 것들이 사람의 뜻을 굳게 만드는 길입니다. 또 다른 사람의 어려움도 알게 해주는 방법입니다.

춘추시대에 오吳나라와 월越나라가 있었습니다. 서로 앙숙怏宿이라 전쟁을 하게 되었습니다. 부차夫差가 이끄는 오나라가 구천句踐의 월나라를 크게 이겼습니다. 부차는 교만해졌습니다. 구천을 인질로 잡아놓고, 온갖 시중을 들게 했습니다. 부차는 여색에 빠져 온갖 즐거움을 다 했습니다.

간신히 풀려난 구천은 이를 갈았습니다. 밤낮 복수만 생각했습니다. 잠자리에는 섶을 깔아 편히 자질 않고, 시간이 나면 쓰디쓴 쓸개를 빨았습니다. 이것이 유명한 와신상담臥薪嘗膽입니다. 장작더미 위에 누워 자고 쓸개를 맛본다는 뜻이지요. 월왕 구천은 복수를 위해 고통을 감수하였습니다. 오나라 부차는 이것도 모르고 연락宴樂에 빠졌습니다. 드디어 구천의 침공을 받고 오나라는 멸망했습니다. 安의 의미는 편안함 외에 이처럼 위험함을 지니고 있습니다.

苦 쓸고 고통 속의 강인함

고통苦痛, 한고寒苦

苦는 '괴롭다', '쓰다'의 뜻입니다. 풀 초艹와 오랠 고古자가 합하여 된 글자입니다. 풀의 연약한 싹이 오랫동안 땅속에 있다가 솟아나는 것이니, 괴로운 일입니다. 맛으로 치면 쓸 수밖에 없습니다. 그래서 원래 '씀바귀'의 뜻이었습니다.

새싹이 단단하고 두꺼운 대지를 뚫고 오르는 생명력은 감탄스럽습니다. 누가 그들을 제압할 수 있는가요? 총과 칼, 아니 원자폭탄도 막을 수 없습니다. 오랜 고통苦痛과 인내 뒤에 나타나는 결과란 그런 것입니다. 겨울을 견디고 피는 매화를 두고 한고寒苦라 합니다. 추위 속에 견딘 매향이 더욱 짙지요. 동백도 그렇습니다. 눈바람 속에서 붉은 망울을 터뜨리는 동백이 더 아름답습니다. 인동忍冬도 말 그대로 겨울을 견딘 풀입니다.

하긴 꽃이나 풀만 괴로움을 견디고 피는 것이 아닙니다. 사람도 마찬가지입니다. 이름을 내는 사람치고 괴롭고 힘든 과정 없이 된 사람이 없습니다. 축구 선수는 1,000번을 같은 방향의 킥 연습을 해야 한다는 말을 들었습니다. 골에 266개의 공이 들어갈 수 있다고 하니 266개의 방향이 있습니다. 얼마나 많은 연습을 해야 제대로 프리킥을 할 수 있을까요? 시인詩人도 마찬가지입니다. 하나의 단어를 찾으려 얼마나 애를 쓰겠는지요. 예로부터 좋은 작품이 나오려면, 마음을 괴롭히고 끝까지 가난에 젖은 뒤라야 한다니 그 노력이 얼마인가요?

요堯임금 시절의 순舜임금도 농사꾼이었습니다. 은殷나라 부열傅說도 공사판에 떠돌던 사람입니다. 제 환공齊桓公의 명재상 관중管仲은 감옥에서 입신했지요. 청렴했던 손숙오孫叔敖도 소금장수였습니다. 백리해百里亥도 양가죽 다섯 장에 팔리던 사람이었습니다. 모두가 괴로움 뒤에 영광을 얻은 분들입니다.

"하늘이 큰 일을 시키려는 사람은 우선 그의 마음과 뜻을 괴롭게 만들고, 그의 근골筋骨을 수고롭게 하고, 몸과 피부를 굶주리게 하고, 곤핍困乏하게 하여 추진하는 일마다 어긋나게 하고는 끝내 그의 마음을 분발하게 하고 그의 성질을 참을성 있게 하여 그의 부족한 부분의 능력을 기를 수 있게 한다."고 합니다. 한 사람의 인물은 이렇게 만들어집니다. 이런 과정을 거쳐야 굳건한 인물이 됩니다. 이를 극복하지 못하면 인물에서 멀어집니다. 苦는 괴롭기는 하지만 거쳐야 할 과정이라 할 수 있습니다.

畏 두려울 외 조심하고 두려워하라

외경畏敬, 외우畏友, 외형畏兄, 후생가외後生可畏

畏는 '두렵다', '위엄', '죽다' 등의 뜻이 있습니다. 이 畏자는 귀신 귀鬼의 윗부분인 귀신 머리[由]의 뜻과 변할 화化자가 합해서 만들어진 글자입니다. 귀신으로 변화된 모습을 형상화한 글자입니다. 그래서 '두렵다'의 뜻이 나온 것입니다.

외경畏敬이니 외우畏友니 하는 말도 위엄이나 존경의 뜻이 들어 있는 말입니다. 외형畏兄도 그런 뜻입니다. 편지글에서 상대를 대접하여 친구 사이에 쓰는 것이 외형입니다. 이 畏는 여러 가지 훈 중에서 일상적으로 사용되는 말에는 '두렵다', '두려워하다'의 뜻으로 주로 쓰입니다. 문장에 '후생가외後生可畏'가 많이 쓰이지요. 이 말은 뒤에 태어난 사람이 두려워할 만한 사람이라는 뜻으로 ≪논어≫에 나오는 말입니다.

지구의 온난화와 천재지변天災地變도 우려의 대상임에 틀림없습니다. 세계 곳곳에서 일어나는 지진, 해일海溢 등은 참으로 두려운 존재들입니다. 화산재가 날려 비행기가 뜨지 못하는 일도 있습니다. 교통의 마비가 오는 것입니다. 인간이란 이처럼 나약한 존재이기도 합니다. 이런 두려움은 불가항력不可抗力인

것도 있지만 대부분은 인간들 스스로 자초自招하는 것이라고 어른들은 경계하고 있습니다.

그러나 사람이 가장 조심하고 존중해야 할 존재는 사람이라고 공자孔子님이 암시하셨습니다. 그것도 자기보다 앞 시대의 위인이나 영웅이 아니라, 자기 뒤에 나타나는 사람이라고 말입니다. 이것이 후생가외입니다.

이때의 후생後生은 모두가 그 대상이 아닙니다. "나이 4, 50세가 되어도 아무 소식이 들리지 않는 사람은 별로 두려울 것이 없다."고 덧붙이셨습니다. 사람은 4, 50세쯤 되면 자기 분야에서 두각을 나타낼 수 있어야 합니다. 뭔가 남보다 앞선 전문가가 되어야 소문이 납니다. 그러기 위하여 어려서부터 30세에 이르기까지 쉼 없이 절차탁마切磋琢磨해야 하는 것입니다.

후생가외보다 공자의 이 뒷 부분의 말씀을 더욱 깊이 새겨야 할 듯합니다. "사십오십이무문언四十五十而無聞焉이면 사역부족외야이斯亦不足畏也已니라." 나는 어떤가? 내 살아온 길은 얼마나 성실했는가? 남에게 무엇을 베풀며 살아왔는가? 그래서 어떤 평이 났을 것 같은가를 곰곰 생각해보는 것도 좋을 듯합니다.

知 알 지 아는 만큼 보인다

사지四知 : 천지天知, 신지神知, 아지我知, 자지子知

知는 '알다'라는 뜻을 가진 한자입니다. 이 知는 화살 시矢자에 입 구口자가 합해 이루어진 글자입니다. '사람의 말[口]을 화살[矢]처럼 빨리 알아듣는다.' 해서 '알다'의 뜻을 가지게 된 글자입니다.

아는 것만큼 중요한 것이 없습니다. 그래서 사람들은 모르는 것을 배우는 것입니다. 어떤 어려움이 있어도, 제때에 배워야 합니다. 아무리 배워도 모든 것을 다 알 수는 없습니다. 우리가 알 수 있는 것은 많은 사실 중에서 극히 일부에 지나지 않습니다. 세상에는 눈에 보이지 않는 미세한 것이 훨씬 많듯이 우리가 안다는 것도 그런가 합니다. 그래서 무얼 조금 안다고 뽐내는 일은 매우 위험한 일입니다.

자로子路라는 사람이 있었습니다. 공자孔子의 제자입니다. 그는 남에게 지기 싫어하는 성격이 강했습니다. 공자가 조용히 그를 불렀습니다. "자로야, 내가 너에게 아는 것이 어떤 것인가 알려주랴?" 했습니다. 그리고는 "아는 것을 안다고 하고 모르는 것은 모른다고 하는 것이 아는 것이다.[知之爲知之 不知爲不知 是知

也]"라고 타일렀습니다. 이것이 '知'에 대한 공자의 유명한 말입니다. 알고 모름을 분명히 하는 것이 아는 것이라는 말입니다.

사지四知라는 말도 있습니다. 이 사지는 '비밀이 없다.'는 뜻입니다. 즉 '밀폐된 공간에서 홀로 한 행위도 결국 알려진다.'는 뜻입니다.

후한後漢 안제安帝 시절입니다. 양진楊震이라는 선비가 있었는데 관서關西 지방의 공자라고 일컬음을 받던 학자였습니다. 그가 왕밀王密이란 사람을 천거했습니다. 왕밀이 산동성山東省에 있는 창읍昌邑의 수령이 되었습니다. 마침 양진이 그곳을 지나게 되었는데 왕밀이 조용히 뵈러 왔습니다. 그리고 하는 말이 "황금 열 근이옵니다. 거두어주옵소서." 하였습니다. 그러자 양진이 말하였습니다. "나는 그대를 아는데 그대는 어찌 나를 모른단 말인가?" 왕밀이 대답하기를 "늦은 밤입니다. 아무도 아는 이가 없습니다."라고 하였습니다.

이때 양진이 "천지天知 신지神知 아지我知 자지子知라, 어찌 아는 사람이 없단 말인가?" 하고 힐책했습니다. 이 말을 들은 왕밀은 부끄러워 고개를 들지 못하였습니다.

사지는 "하늘이 알고 귀신이 알고 내가 알고 네가 안다."는 뜻입니다. 그러니 세상의 모든 비밀이 유지되겠는지요? ≪후한서後漢書≫에 나오는 말입니다. 知자에는 '안다'와 '알려진다'의 의미가 함께 들어 있습니다.

千 일천 천 천릿길도 한 걸음부터

천고千古, 천금千金, 천리안千里眼, 천려일득千慮一得, 천려일실千慮一失

千은 숫자 '일천'을 뜻하는 글자입니다. 사람 인人에 가로 획 일一을 그어 千을 만들었습니다. '오래다', '많다'의 뜻으로도 유추해서 쓰이는 글자입니다. 오랜 세월을 천고千古라고 합니다. 또 천금千金은 많은 돈을 말합니다.

천금으로도 살 수 없는 것도 있습니다. 천리안千里眼을 지닌 광주자사廣州刺史 양일楊逸 같은 사람을 두고 하는 말입니다. 북위北魏의 젊은 청년 양일은 나라의 근본이 백성에게 있음을 알았습니다. 모든 행정업무를 주민 위주로 하고 민원이 생길 만하거나 백성에게 손실이 나는 일은 일체 중지했습니다. 하급관리들은 자사인 양일이 천리안이 있는 사람으로 여겨 조금도 부정을 저지르지 못했습니다. 예나 지금이나 탁월한 리더십을 지닌 행정가는 말없이 부정을 미연에 방지합니다.

또 "천릿길도 한 걸음부터."라는 말도 있습니다. 이 말은 ≪노자老子≫에서 비롯된 말입니다. 시작이 그만큼 중요합니다. 모든 일은 애초 연약할 때 녹이기가 쉬우며 미세할 때 흩어버리기가 쉽습니다. 상황이 있기 전에 일을 미리 처리하고 어려워지기

전에 일을 다스려야 한다고 했습니다. 아름드리 큰 나무도 터럭 같은 새싹에서 시작된 것이고, 아홉 층 높은 다락도 한 삼태기의 흙으로부터 이루어지며, 천릿길을 가는 여행도 한 걸음부터 비롯된다고 했습니다. 사람들이 일을 좇아 힘을 쏟을 때에는 거의 이룰 뻔하다가 끝내는 실패하고 마니, 마지막을 삼가기를 처음처럼 한다면 누구나 좋은 결과를 얻을 수 있다는 것입니다.

천려일득千慮一得과 천려일실千慮一失도 千과 관련하여 익혀 둘 만한 말입니다. 천려일득은 '천 번을 골똘히 생각하면 한 가지쯤은 뛰어난 생각을 얻을 수 있다.'는 뜻입니다. 이 말은 '어리석은 사람이라 하더라도 한 가지쯤은 좋은 계책을 낼 수 있다.'는 뜻도 됩니다.

≪사기史記≫ 〈회음후열전淮陰候列傳〉에 이런 말이 나옵니다. "지자천려智者千慮 필유일실必有一失이요 우자천려愚者千慮 필유일득必有一得"이라는 말입니다. 아무리 지혜로운 사람이라 하더라도 천 번 생각에 하나쯤은 실수할 수가 있고, 어리석은 사람이라도 천 번을 생각하면 하나쯤 옳은 계책을 낼 수 있다는 말입니다. 사람은 누구라도 무시할 수 없다는 의미도 들어 있습니다.

不 아닐 불/부 부정보다는 긍정을

부정不正, 부당不當, 부지不知, 불급不及, 불사약不死藥, 불위不爲, 불능不能

不은 '아니다', '없다'처럼 부정하는 뜻으로 쓰이는 글자입니다. 글자의 생긴 모습이 하늘로 날아오르는 새의 모습을 상형한 것입니다. 불不의 위쪽의 一이 하늘이고 아래 부분의 个은 새가 하늘로 치솟는 모양입니다. 이 새가 날아오르기만 하고, 돌아오지 않아서 '아니다', '없다' 같은 부정의 뜻으로 쓰였다고 합니다.

또 이 글자의 모습을 땅속에서 씨앗이 발아하는 모습이라 생각한 사람도 있었습니다. 이때의 一은 땅이고, 하늘을 향해 움터 오르는 씨앗의 줄기가 그 나머지 부분[个]입니다. 그러다가 죽고 마르고 하여 '싹튼다'는 뜻이 소실되고 부정의 뜻으로만 쓰이게 되었지요.

부정不正도 '바르지 않다'의 뜻인데 이처럼 뒤 음절의 자음이 ㄷ이나 ㅈ이 오면 읽는 음이 '불'이 아니라 '부'로 됩니다. 부당不當과 부지不知의 不이 '부'로 읽힌 이유가 그 때문입니다.

불급不及은 '미치지 못한다.'는 뜻입니다. 불급의 반대는 과過입니다. 과는 '지나쳐버린 것'을 말합니다. 그래서 지나친 것은 미치지 못함과 같은 것입니다. 이것이 과유불급過猶不及입니다. 생활의 지혜입니다. 과공過恭도 그렇습니다. 지나치게 공손한 것은 오히려 상대에게 예가 아닙니다. 모든 일을 알맞게 맞추어 하는 것이 참으로 중요합니다. 그러나 대단히 어려운 일입니다.

不의 쓰임에 불사약不死藥도 있습니다. 불사약은 먹으면 죽지 않는 약이라는 뜻이지요. 어떤 이가 임금에게 불사약을 바치러 왔습니다. 불사약이라는 말을 들은 아전이 중간에서 가로채 그만 마셔버렸습니다. 아전이 왕에게 잡혀와 처형을 당하게 되었습니다. 왕이 마지막으로 죄를 다그쳐 물었습니다. 그러자 아전이 "제가 만일 죽으면 약을 바친 자가 왕을 속이려 한 것입니다. 죽지 않는 약이라고 하여 신이 먹었는데, 도리어 제가 죽으면 이는 불사약이 아니고 사약이 됩니다. 이는 오히려 임금님을 능멸한 것입니다."라고 했다네요. 왕이 그만 방면할 수밖에 없었다는 우스개도 있습니다.

우리는 더러 불위不爲와 불능不能을 혼동합니다. 불위는 할 수 있음에도 하지 않는 것이고, 불능은 능력이 안 되어 하지 못하는 것입니다. 아침 일찍 일어나는 일은 누구나 할 수 있는 일이고, 한강을 건너뛰는 일은 아무도 할 수 없는 일입니다.

意 뜻의 소리에 마음이 더해짐

회의會意, 의견意見, 독서백편의자현讀書百遍意自見

意는 '뜻', '생각' 등으로 쓰이는 한자입니다. 소리 음音자에 마음 심心자가 합해진 회의會意문자입니다. 회의란 '뜻이 모였다.'는 말입니다. 소리[音]라는 뜻과 마음[心]이라는 뜻이 모여 글자가 이루어졌다는 말입니다.

사람이 말할 때 내는 소리가 음音입니다. 이 음은 상황에 따라 다양하게 납니다. 저절로 나는 것 같은데도 자세히 살피면 그 이면에 소리를 나게 하는 마음이 작동하고 있습니다. 그래서 말소리만 들어도 그 사람의 마음이나 뜻을 알 수 있습니다. 의견意見도 그런 뜻입니다. 생각과 견해라는 뜻이지만, 한마디로 의견은 생각이라 말할 수 있습니다.

'독서백편의자현讀書百遍意自見'이라는 말에도 意가 들어 있습니다. 독서讀書는 책 읽기이고, 백편百遍은 백 번 두루 읽는 것이며, 의자현意自見은 뜻이 저절로 나타나는 것입니다. '같은 책을 백 번 반복하여 읽으면 몰랐던 뜻을 저절로 알게 된다.'는 말입니다.

특히 한문 공부는 반복학습이 중요하고 성독聲讀이 중요합니다. 전혀 모르는 문장도 반복적으로 읽으면 알게 된다는 거지요. 그래서 옛사람들은 많이 읽는 것을 권장했습니다. 자꾸 읽으면 그 속에 응축되었던 뜻이 하나씩 하나씩 흘러나옵니다. '온고지신溫故知新'도 그런 의미입니다. 옛것을 자꾸 읽어서 새로운 것을 찾아내는 것이 온고지신입니다.

연암燕巖 박지원朴趾源이 중국에 갔을 때의 얘기입니다. 연경燕京의 어느 골목을 걷고 있었습니다. 그때 창 안에서 책 읽는 소리가 들렸습니다. 가던 길을 멈추고 그 내용을 들었습니다. 다름 아닌 ≪맹자≫를 읽고 있는 것입니다. 반갑기도 하고 호기심도 생겨 조용히 들었다고 합니다.

"홍안지대자鴻雁之大者 미록지대자麋鹿之大者"라고 읽고 있는 것입니다. 이 말에서 홍鴻은 기러기 중에 큰 것이고, 미麋는 사슴 중에 큰 것이란 뜻입니다. 이를 제대로 읽으려면 띄어 읽기를 잘해야 합니다. 우리말에도 "아버지 가방에 들어가신다."가 있듯이 말입니다.

연암이 창을 두드려 바로 읽도록 해주려다가 한문은 여러 번 읽으면 저절로 터득된다는 것을 알기 때문에 그냥 두고 보았습니다. 과연 깊은 밤이 되니까 바로 읽기 시작합니다. "홍鴻은 안지대자雁之大者요 미麋는 녹지대자鹿之大者라."고 말입니다. "홍은 기러기 중에 큰 것이고, 미는 사슴 중에 큰 것이다."라는 말이지요. 성독聲讀이 이리 중요합니다.

冊 책 책 대쪽에 담긴 보물

책상冊床, 책방冊房, 공책空冊, 서책書冊, 책장冊張

冊은 대쪽에다가 글을 써서 가죽끈으로 묶은 모양[冊]을 본뜬 글자입니다. 종이가 나오기 전의 모습입니다.

책을 묶은 끈이 가죽이라는 것이 재미있습니다. 실이나 다른 것은 쉽게 끊어집니다. 그래서 가죽으로 만들었습니다. 가죽으로 된 질긴 것도 세 번이나 닳아 끊어지도록 책을 읽은 분이 있습니다. 이를 위편삼절韋編三絶이라 합니다. 위편韋編이 가죽끈이고, 삼절三絶이 '세 번 끊어지다.'입니다. 공자님이 ≪주역≫을 읽을 때의 일입니다.

예전에는 책이 대단히 귀했습니다. 책 한 권이 생기면 온 마을이 돌려 읽었습니다. 또 저녁에는 안방에 모여 앉아 책 읽는 것을 듣기도 했습니다. 글이 넉넉한 분이 고저장단과 감정을 넣어 읽으면 모두 탄식도 하고 눈물도 흘리며 호흡을 맞췄습니다.

더러는 책을 베껴서 읽기도 했습니다. 이것이 필사본이지요. 베끼다가 실수로 다르게 적기도 하고, 어떤 경우는 의도적으로 줄거리를 바꾸기도 했습니다. 이것을 이본異本이라 합니다. 책이 매우 귀했기 때문에 책 관리에 신경을 썼습니다. 그것이 폭서曝書라는 행사입니다.

이 당시의 책은 한지로 된 고서입니다. 고서는 활자본이 귀한데 이 활자도 목활자와 동활자가 있습니다. 구리로 만든 동활자로 찍은 계미자癸未字(1403)가 현재 남아 전하는 최고最古의 활자입니다. 이 계미자 활자본은 국보가 될 만큼 귀합니다. 고서의 문집은 대체로 10행에 20자로 구성되어 있는데, 이것이 200자 원고지의 기준이 되기도 했습니다.

고서는 한지로 되어 있어서 습기에 약했습니다. 그래서 1년에 한두 차례씩 습기를 제거해줘야 합니다.

어느 선비가 술이 거나해져서 배를 드러내고 맨바닥에 드러누웠습니다. 선비로서 체통을 잃은 거지요. 사람들이 웅성거렸습니다. 그러자 선비가 "나는 지금 포쇄曝曬 중이네. 내 뱃속에 시詩가 수천 수 들었는데 이를 말려야 해."라고 했다고 합니다.

책 중에서 제일 중요한 것은 실록이었습니다. 고려와 조선의 역사를 기술한 실록은 그 역사적 가치로도 매우 귀한 것입니다. 그래서 나라에서는 잘 보존하기 위하여 사고史庫를 짓고 이를 관리하는 당상관을 두었습니다. 이 포쇄는 고려 공민왕 때부터인데 본격적으로는 조선 중기부터라 할 수 있습니다. 예나 지금이나 책은 이처럼 귀하게 다루었습니다.

冊자가 들어간 말로는 책상冊床, 책방冊房, 공책空冊, 서책書冊, 책장冊張 등이 있습니다.

士 선비 사 학과 덕을 지녀야

사군자士君子, 사대부士大夫, 박사博士, 군사軍士, 인사人士, 도사道士

士는 '선비'라는 뜻입니다. 선비는 학덕을 갖춘 사람으로, 아직 관직에 나가지 않은 사람이라고 할 수 있습니다. 학덕을 갖추었으니 배움과 인격이 높은 분이라고 할 수 있습니다.

이 글자는 매우 단순해 보이지만 그 속에 깊은 뜻을 지니고 있습니다. 士는 하나[一]에 열[十]이 더해진 형상입니다. 밑의 일一은 처음이요 시초요 기초이고, 십十은 완성이고 끝입니다. 이 처음과 끝이 밑에서부터 위로 합해진 글자가 士인 것입니다. 一 二 三 …… 十이 한 글자에 모인 것입니다.

사람은 학식만 높아도 안 되며, 인품이랄 수 있는 인성과 품격을 지녀야 합니다. 선비란 이 둘을 겸비한 사람입니다. 그래서 옛적에는 군자君子와 소인小人이라는 말을 자주 사용했습니다.

이를 기준으로 사람을 네 부류로 가른 이가 있습니다. 중국의 사학자 사마온공(사마광)이 그 장본인입니다. 그는 사람을 성인聖人, 군자君子, 소인小人, 우인愚人으로 분류했습니다. 성인은 덕德과 재주를 두루 갖춘 사람이고, 우인은 덕德도 없고 재주도 없는 사람이라 했습니다. 군자는 덕이 재주보다 나은 사람이고,

소인은 재주는 출중하되 덕이 없는 사람이라 했습니다. 성인은 흔하지 않은 분이고, 우리가 선비라고 일컫는 인격자가 바로 군자입니다. 그래서 사군자士君子란 말도 씁니다.

어떤 것을 좋아하며, 어떤 사람이 되느냐는 배우는 자의 마음에 달려 있습니다. 재才는 총기가 있고[聰], 잘 살피며[察], 굳세고[剛], 정신이 강한[毅] 사람을 말합니다. 덕德은 바르고[正] 곧고[直] 중립적이며[中], 온화한[和] 사람입니다.

네 부류에서 가장 윗길의 사람은 성인이고, 가장 아래 등급의 사람은 소인이라고 합니다. 재승박덕才勝薄德인 사람이 소인입니다. '재주가 뛰어나고 덕이 박한 사람'을 말합니다. 소인은 남보다 나은 재주를 가졌기 때문에 그가 악을 행하면 하지 못할 일이 없는 사람입니다. 이름난 사기꾼들이 이런 부류에 해당합니다. 참으로 끔찍한 일입니다. 재주와 권세만 부릴 줄 알고 남을 배려할 줄 모르는 위인이 많은 사회는 위험합니다.

선비[士]는 하나[一]를 들으면 열[十]을 아는 사람이기도 하고, 열 명 중에 하나가 나올까 말까 하는 사람이기도 합니다. 선비의 책임을 다하는 것이 이렇게 힘든 일입니다.

士자가 들어간 말로 사대부士大夫, 박사博士, 군사軍士, 인사人士, 도사道士 등이 있습니다.

學 배울 학 인성의 본질을 배워야

학문學問, 학이시습지學而時習之

學자는 '배우다'라는 뜻이 있습니다. 모르는 내용을 아는 사람에게서 배우는 것이 學입니다.

사람도 동물의 한 부류로 태어났습니다. 3㎏ 전후의 핏덩이로 태어났지요. 만일 자라면서 배움이 없었다면 동물처럼 예의나 염치를 알 길이 없었을 것입니다. 다행히 사람은 자라면서 스승을 만나 학문學問을 배움으로써 더욱 인간답게 되었습니다. 동물의 세계는 힘센 놈이 왕이지요. 사람은 힘이 아니라 인품이나 덕이 높은 사람이 으뜸입니다.

이 學의 글자를 자세히 보면 부모가 자녀를 사랑하는 마음이 듬뿍 담겨 있습니다. 두 손으로 보물을 안아다가 자식의 머리 위에 올려주는 형상이기 때문입니다. 이 學자의 윗부분의 양편에 있는 모습[臼]은 손을 상형한 것이고, 그 손안에 든 것[爻]이 보물입니다. 이 보물은 값으로 따질 수 없는 귀한 것임은 말할 것도 없습니다. 이를 자녀[子]의 머리에 아낌없이 올려주는 모습이 學입니다. 이것이 '배우다' 또는 '배워주다'의 뜻입니다.

배우되 무엇을 배우라고 했을까요? 오늘날처럼 영어나 수학을 배우라고 했을까요? 아마 그건 아니었을 것입니다. 영어나 수학이 아니라 인간다움의 본질이 되는 인의예지신仁義禮智信을 배우도록 했을 것입니다. 사람이 태어날 때 부여받은 온전한 오상五常을 배우도록 했을 것입니다. 사람은 선하게 태어났으나 자라면서 자신도 모르게 여러 잘못에 물들게 마련이지요. 오염에 젖는 것입니다. 깨끗하고 하얀 비단이 더러운 물질에 오염되는 것과 같습니다. 이 더러워진 마음의 원상을 회복해야 하는 것입니다. 그것이 學의 내용입니다.

'학이시습지學而時習之'는 ≪논어≫의 첫머리에 나오는 말입니다. 배우고 항상 익히라는 말입니다. 배운 내용을 어느 때이든 계속 익히라는 것입니다. 한순간도 익힘을 놓치면 다시 잘못된 길로 빠질 수도 있습니다. 하루만 익히고 이틀을 놀아버려도 마찬가지입니다. 새들이 알에서 깨어나오면 날개가 없습니다. 흰 털만이 있습니다. 새끼 새가 하늘을 나는 방법을 배우려면 부단히 날갯짓을 해야 합니다. 흰 털의 날개가 자라 하늘을 날도록 말입니다. 이처럼 배운 내용을 익히라는 말이 시습時習입니다.

부모의 자녀 사랑은 오늘이라고 다를 것이 없습니다. 그렇다고 맹목적이어서는 곤란합니다. 자녀에게 목표점을 주고 스스로 터득하고 해결하도록 지도해야 합니다. 어렵다고 포기해서도 안 됩니다. 배움을 대신해주어서도 안 됩니다. 學은 이런 의미를 지니고 있습니다.

敎 가르칠 교 배우고 가르치고

교육敎育, 교육열敎育熱

敎는 '가르치다'의 뜻입니다. 먼저 깨우친 이가 늦게 난 이를 도와 알려주는 것이 가르침입니다. 글자는 효爻자와 자子자와 복攴자가 모여서 되었습니다. 손에 회초리[攴]를 들고 아이[子]에게 바르게 본받게[爻] 하도록 한다는 뜻이 들어 있습니다.

예나 지금이나 자녀에게 가르치는 일만큼 중요한 것이 없습니다. 모든 희생을 감수하고라도 자식의 교육敎育에 헌신하는 것이 부모님들이지요. 오늘의 한국이 이처럼 발전한 것도 교육열敎育熱 때문이라는 것은 옳은 말입니다.

가르침에는 여러 가지 형태가 있습니다. 요즈음처럼 자신이 원하는 학교나 스승을 찾아 직접 배울 수도 있고, 아니면 스승이 남긴 말씀이나 책을 통해 배울 수도 있습니다. 자기가 숭앙하는 스승이 이미 작고했다면 그가 남긴 서적이나 말씀으로 배울 수밖에 없습니다.

이것을 사숙私淑이라 합니다. 사私는 자기라는 뜻이고, 숙淑은 '맑게 하다', '숭모하다'의 뜻입니다. 자기 스스로 맑게 하다는 것입니다. 또 스승을 찾아 직접 배움을 받는 것을 친자親炙라 합니다. 직접 구움을 받았다는 뜻입니다. 재미있는 말입니다.

이 말은 ≪맹자孟子≫ 〈진심盡心〉에 나오는데, 맹자도 공자를 사숙할 수밖에 없었습니다. 두 사람의 시대적 차이가 150년쯤이 되므로 직접 배우지 못했습니다. 그러나 맹자는 친자를 입은 문도보다 더 공자의 제자로 자처했으며 그의 학통을 이었습니다.

맹자는 제자를 가르치는 방법이 여러 가지라고 했습니다. 제자의 인품人品이나 능력能力의 고하에 따라 지도하기도 하고, 사는 지역의 원근에 따라 형편에 알맞게 가르치기도 하고, 또 시대의 선후에 따라 각기 알맞은 방법으로 지도하기도 했습니다.

오늘날 대학의 캠퍼스에는 노소老少가 섞이고 남녀男女의 분별이 없습니다. 대부분 2만 명이 넘는 숫자가 한 캠퍼스에 모였으니 훌륭한 스승 한두 사람이 모두를 가르칠 수 없습니다. 그래서 스승이 멀리 지나가는 것만 보고도 감화되어 덕德과 지智를 이룰 수 있어야 한다고 합니다.

선생의 책임이 이처럼 막중합니다. 가르치는 자의 일거수일투족一擧手一投足이 바로 텍스트인 것입니다.

사숙은 누구로부터 직접 가르침을 받지 않고 간접적으로 가르침을 받아 스스로를 닦은 것을 말합니다. 사람은 누구에겐가 가르침을 받아 오늘의 자신을 만들었습니다. 그런데 직접 배우지 않고도 그의 제자가 되기도 합니다. 이것이 이른바 사숙입니다.

登 오를 등 등산이나 공부나

등과登科, 등제登第, 등산登山

登은 '오르다'의 뜻으로 쓰이는 글자입니다. 이 글자는 윗부분[癶]이 두 발로 딛고 있는 모습이고, 아래의 두豆는 발판을 상형한 것입니다. 발판을 밟고 높은 곳에 오르는 모습을 상형[illegible]한 글자가 登입니다. 그래서 과거에 오르는 것이 등과登科, 등제登第이고, 산에 오르는 것이 등산登山입니다.

등산은 오래 전부터 행해 오던 유산遊山 놀이입니다. 산에 올라 심신을 단련했습니다. 예로부터 "인자仁者는 요산樂山하고, 지자智者는 요수樂水한다."라고 했지요. "어진 사람은 산을 좋아하고, 지혜로운 사람은 물을 좋아한다."는 말입니다. 이 요樂를 '락'으로 읽으면 곤란합니다. 요樂는 '좋아하다'의 뜻입니다. 산의 듬직하고 포용력 있음의 특성을 인자仁者에 비유하였습니다. 삼각산의 인수봉仁壽峯도 그래서 나온 이름입니다.

그런데 오늘날 등산이라고 하면 무조건 정상 정복征服만을 목표로 합니다. 그러나 등산은 정복에 뜻이 있지 않습니다. 산에 오르며 호연지기浩然之氣를 기르고, 자연과 교감하며, 정신적 수양이 따라야 합니다. 산이 우리에게 가르쳐주고 보여주는 것이 많습니다. 그래서 옛 어른들은 오르다가 소기의 목적을 이루면 미련 없이 하산下山했습니다. 그것이 산을 통한 수양일 것입니다. 남명南冥 선생은 지리산智異山을 오르내리셨고, 퇴계退溪 선생은 청량산淸凉山을 오르내리셨습니다.

특히 퇴계 선생은 청량산을 오르내리기를 반복한 것으로 유명합니다. 그의 시 중에,

사람들이 독서를 산 오르는 것과 견주더니 讀書人說遊山似
이제 보니 산 오름이 책 읽음과 흡사하네 今見遊山似讀書

라는 시구가 있습니다. 퇴계는 산 오름을 독서로 생각했습니다. 산에 오름이 큰 공부라는 것입니다. 하기는 남명 조식曺植도 그러했습니다. 지리산을 오르내린 남명도 공부의 대상으로 천왕봉天王峰을 지목했습니다.

산에 오르는 사람이 누구냐에 따라 공부의 내용도 달라집니다. 식물학자냐, 지리학자냐, 광물학자냐, 철학자냐, 시인이냐에 따라 산을 보고 배우는 내용이 달라집니다. 퇴계와 남명은 도학자이지요. 산을 통해서 많은 유가사상이 배어 나왔습니다. 정복만을 목표로 하는 근래의 등산은 큰 의미가 없어 보입니다.

工 장인 공 재주를 쌓다

공구工具, 공장工匠, 공수工手, 공부工夫, 화공畫工, 악공樂工, 여공女工

工은 물건을 잘 만드는 '장인匠人'이라는 뜻으로 쓰는 글자입니다. 원래 무엇을 만들 때 사용하는 도구를 상형하여 만든 글자입니다. 그 도구는 곡척曲尺이나 구멍을 파는 공구工具 등을 말합니다.

물건을 만드는 장인은 세밀하고 정확해야 합니다. 한 치, 한 푼의 오차도 허용되지 않습니다. 그것이 장인입니다 이런 사람을 공장工匠 또는 공수工手라고 합니다. 요즈음 우리 산업현장에 장인 또는 달인達人과도 통하는 말입니다. 가령 가는 머리카락을 다시 열 가닥으로 나눈다면 대단한 정밀함이지요. 그런데 이 열 가닥으로 된 머리카락 하나하나에 구멍을 나란히 뚫는다면 참으로 공교로운 재주라 할 수 있습니다.

오래된 얘기입니다마는 대만 국립박물관에 진열된 것 중에 ≪천자문≫을 새긴 도장을 보고 놀란 적이 있습니다. 보통 인장과 다름이 없는 크기에 ≪천자문≫ 글자를 모두 정확하게 새겨 놓았으니, 그 심안心眼과 장인의 솜씨를 어찌 설명해야 할는지요? 참으로 신기神技에 가까운 일입니다.

하기는 우리가 하는 공부工夫도 그리 간단한 것은 아닙니다. 오랜 기간 그 문제에 정통한 분들이 갈고닦아 놓은 것에다가 다시 덧칠을 하거나 새로운 방식으로 물꼬를 트는 일은 쉬운 일이 아닙니다. 잘못하면 남의 웃음거리가 되고, 그렇지 않으면 크게 남을 잘못 인도하는 일이 생기기도 하지요.

내가 공부하는 〈처용가處容歌〉도 그렇습니다. 처용處容이 누구인가 하는 문제는 우리 문학 연구 초기부터의 관심사였지요. 그래서 많은 학자들이 처용은 용신제龍神祭를 지내던 무신巫神이다. 처용은 망해사望海寺로 보아 호국불교를 대표하는 신승神僧이다. 아니다, 처용은 그 지방 호족豪族의 자제다. 처용은 신라 화랑花郎의 모습이다. 처용은 아랍의 상인商人이다 등등의 많은 학설이 있습니다. 거기에 외지로부터 들어온 도래인渡來人이라는 견해를 새로 내놓기가 쉬운 일이 아닙니다. 분명한 논리와 논증이 있어야 가능한 일입니다.

학문이나 기술을 배우고 익히는 일이 공부인데 여기서 工은 배우고 익힌다는 뜻에 가깝습니다. 화공畫工은 그림을 썩 잘 그리는 사람이고, 악공樂工은 음악연주를 잘하는 사람입니다. 여공女工은 길쌈을 잘하던 사람이지요. 그런데 그 방면에 뛰어난 분들은 단지 재주만 우뚝하지 않습니다. 그 재주를 넘는 정성과 마음이 함께하는 분들입니다. 이것이 공부를 포함하여 모든 장인들의 공통점입니다.

時 때 시 공부는 제때 해야

시간時間, 시우時雨, 시점時點, 시절時節

時는 '때'를 뜻합니다. 이 時는 날을 가리키는 일日자과 사寺자가 합쳐진 글자입니다. 사寺는 규칙[寸]대로 가는[土=之] 것을 말합니다. 해가 일정하게 움직여 아침 · 점심 · 저녁이 되는 것이 時가 갖는 의미입니다. 이 時는 누구에게나 똑같이 주어졌습니다. 누구에게나 하루는 24시간時間이고, 1년은 365일입니다. 힘이 세거나 돈이 많다고 더 가질 수가 없는 것이 시간입니다. 다만 길고 짧음은 절대자의 몫입니다. "하나님이 인간을 예정하여 보내셨다."고 ≪성경≫에 말씀하고 있습니다.

주어진 시간을 귀하게 쓸 수도 있고 낭비할 수도 있습니다. 그것은 각자의 선택입니다. 반딧불을 이용해서 책을 읽은 이도 있고, 눈 빛에 비추어 책을 읽은 이도 있습니다. 모두 시간을 아낀 분들이지요. 요즈음 같으면 그런 일이 없겠지만 옛날 등잔불마저 없었던 가난한 시절이 있었습니다. 그래서 반딧불[螢]과 눈[雪]을 이용해 공부했다고 하여 이를 형설지공螢雪之功이라 합니다. 그 결과 이 두 분 모두가 크게 출세를 하였습니다. 진晉나라의 손강孫康과 차윤車胤이 그 주인공입니다.

반드시 높은 벼슬을 할 것은 없습니다. 벼슬을 하지 않고도 얼마든지 보람된 일을 할 수도 있지요. 모두가 때[時]를 잘 이용해야 합니다. 때는 놓치면 평생 돌이킬 수가 없습니다. 공부를 해야 할 나이에 이를 놓치면 다시는 기회를 얻을 수 없습니다. 설령 얻는다 해도 만족스럽지 못할 것입니다. 그래서 시우時雨라는 말이 있습니다.

시우는 제때에 내리는 비라는 말입니다. 비는 식물이 무성하게 자라는 시점時點에 알맞게 내려줘야 합니다. 한창 자라야 할 때 가뭄이 들어 말라버리면 홍수가 지더라도 회복할 수 없습니다. 공부도 그렇습니다. 스펀지가 물을 빨아들이듯이 그런 시절時節에 해야 합니다.

조기교육早期教育을 강조하는 것도 그런 맥락입니다. 10세 전후가 가장 기억력이 왕성하다고 합니다. 이 나이 전후하여 기초한자基礎漢字를 익혀두면 평생의 자산이 됩니다. 한자에 녹아 있는 언어적인 우수성은 설명하기 어렵습니다. 한 글자만 알아도 언어의 조어능력造語能力과 사고思考의 폭이 크게 확대됩니다. 時자를 익히면서 제때에 공부를 해야 함을 다시 한 번 강조합니다.

格 격식 격 이치를 터득하라

품격品格, 인격人格, 가격價格 격물格物, 격식格式

格은 '품격品格' 또는 '이르다'의 뜻으로 쓰이는 글자입니다. 格은 나무 목木자와 각각 각各자가 합해 이루어진 글자입니다. 나뭇가지[木]가 각각[各] 자유로이 자란 모습을 나타낸 것입니다. 자유로이 자란 듯하나 태양을 향한 일정한 품격을 지녀 자라고, 하나의 방향에 이르는 모습입니다. 여기서 '품격'과 '이른다'의 의미를 엿볼 수 있습니다. 사람의 품격에 해당하는 인격人格이 있고, 물건 값이 얼마 정도인가 이르는 것을 가격價格이라 합니다. 조금 어려운 말로 격물格物도 있습니다.

격물은 사물의 이치를 연구한다는 뜻입니다. 이때의 格은 '이르다'의 의미로 사용된 것입니다. 사물은 그 종류가 매우 다양하고 복잡합니다. 그 다양하고 복잡한 사물의 이치에 하나하나 이른다는 것도 대단히 복잡하고 어려운 일입니다. 사물의 이치를 끝까지 탐구하여 그 깊이와 넓이에 이르지 않음이 없고자 함이 격물의 뜻입니다. 格은 이르다[至]의 뜻이고, 물物은 사물事物의 뜻입니다.

이 말은 ≪대학大學≫의 제일 첫 부분에 나오는 말입니다. ≪대학≫은 사서四書의 하나입니다. 공자의 말씀을 증자曾子가 기술한 책으로 알려져 있습니다.

≪대학≫에는 3강령과 8조목이 기술되어 있습니다. 삼강령은 세 가지의 기준이란 뜻인데, 명명덕明明德 · 신민新民 · 지어지선止於至善이 그것입니다. 밝은 덕을 밝히고, 백성을 새롭게 하고, 지극한 선에 멈추는 것이 3강령의 내용입니다. 8조목은 명명덕과 신민을 하는 차례를 기술한 것입니다. 한 사람의 지도자가 되는 과정이라고도 할 수 있습니다. 8조목은 격물格物 · 치지致知 · 성의誠意 · 정심正心 · 수신修身 · 제가齊家 · 치국治國 · 평천하平天下를 말합니다. 남을 지도하고자 하는 사람이 수양을 하여 남을 이끄는 절차를 밝히고 있습니다. 그 시발점이 격물입니다. 사물의 이치부터 꿰뚫어야 합니다.

남의 지도자가 되고 싶다면 ≪대학≫의 이 구절을 깊이 음미할 일입니다. 격물해서 앎에 이르고[致知], 뜻을 성실하게 해서[誠意] 마음을 바로 잡으며[正心], 몸을 닦아서[修身] 집안을 가지런히 하고[齊家], 그런 뒤에 나라를 다스리고[治國], 천하를 평정할[平天下] 것을 생각할 일입니다.

格은 '이르다'의 의미가 있습니다. 품격처럼 격식格式의 의미도 있지만 '이르다'로 쓰일 때의 의미가 더욱 심오합니다.

校 학교 교 견주고 닦아야

교정校正, 학교學校, 수교讎校, 구교仇校, 상서학교庠序學校, 향교鄕校

校는 '바로잡다', '학교' 등의 뜻으로 쓰이는 글자입니다. 글자의 모양이 나무 목木에 사귈 교交가 합해져서 이루어졌습니다.

나무[木]의 구부러진 것을 엇걸어[交] 잘 키운다는 뜻에서 '바로잡다'의 뜻이 나왔습니다. 특히 글자의 잘못을 바로잡는다는 뜻의 교정校正이 널리 쓰입니다. 바로잡는 곳은 학교學校만 한 곳도 없지요. 그래서 학교에도 이 校를 씁니다. 세상일 중에 쉬운 일이 드물지만 인쇄물의 교정만큼 어려운 일도 없으리라 생각됩니다. 아무리 정확하게 봐도 본전이라는 농담이 있듯이 교정은 잘못된 것만 드러납니다.

대통령大統領을 견통령犬統領이라 하여 혼난 분도 있다고 들었습니다. 더구나 예전에는 나무판에 글자를 새겨 책을 찍어냈는데, 간혹 실수하여 글자를 잘못 판각하면 손가락을 자르는 형벌을 가했다고 합니다. 그런 가혹한 죄가 주어지는데도 오자誤字가 나오는 것을 보면 인간의 능력에는 한계가 있는가 합니다. 그래서 수교讎校, 구교仇校라는 말이 나왔습니다. 교정을 볼 때 원수를 찾듯, 원고를 대조하여 바로잡는 것이 수교입니다. 수讎

와 구仇는 모두 원수라는 뜻입니다.

학교는 배우게 해주고 바로잡아 주는 곳입니다. 아무리 자질이 뛰어나도 배움의 기회가 주어지지 않으면 능력을 발휘할 수 없습니다. 교육의 중요성이 여기에 있습니다. 예전에도 상서학교庠序學校라 하여 교육제도가 있었습니다. 하夏나라에서는 교校라 하고, 은殷나라에서는 서序라 하고, 주周나라에서는 상庠이라 이름했습니다. 학學은 모든 나라에 공통으로 있었다고 합니다. 여기에서 어른 봉양과 활쏘기, 가르침 등이 이루어졌다고 합니다.

우리나라에도 신학문이 들어오기 전에 향교鄕校, 서원書院, 성균관成均館 등의 교육기관이 있었습니다. 지금도 각 고을 마다 남아 있는 향교는 그 고을의 중심에 위치하는 국립학교의 성격을 지닌 교육기관입니다. 이 향교와 비슷한 역할을 한 곳이 서원인데, 이는 오늘날 사학私學의 성격을 갖는 지방의 교육기관입니다. 그리고 나라의 최고 교육기관으로 성균관이 있었습니다. 이곳은 각 지역에서 생원시와 진사시에 합격한 사람들이 모여 학문을 닦던 곳입니다.

改 고칠 개 고치고 바로잡고

개조改造, 개혁改革, 개량改良, 개선改善, 개과천선改過遷善,
과즉물탄개過則勿憚改, 개정改定, 개정改訂

改는 '고치다', '바꾸다'의 뜻으로 쓰이는 한자입니다. 고친다는 것은 잘못된 것을 바로잡는 것을 말합니다. 改자의 모양도 자기 기己에 치다[攵]는 뜻이 합해져 이루어졌습니다. 자신을 회초리로 치는 것이 改이니 이는 결코 쉬운 일이 아닙니다.

더구나 오래되면 변하기 어렵다는 옛말이 있듯이 어떤 것을 고치려면 잘못된 기간만큼의 시간과 노력이 필요한 법입니다. 아팠던 기간만큼 약을 먹어야 병도 낫는다고 합니다.

정신의 개조改造는 더욱더 어렵습니다. 생활습관이 게으르거나, 이기주의에 젖어 있거나, 약삭빠르게 현실타협으로 어려움을 회피하거나, 부정부패에 익숙한 것들은 반드시 고쳐야 할 우리들의 과제입니다. 이미 백 년 전에 나온 구호들인데 지금도 유효한 말들입니다.

이를 위해 일찍이 민족개조民族改造를 부르짖은 선각자가 도산島山 안창호安昌浩 선생입니다. 평양에서 행한 안창호 선생의 강연을 듣고 감동을 받아, 사재를 몽땅 투자하여 오산학교를 설립한 이가 남강南岡 이승훈李昇薰 선생입니다. 그가 세운 오산학교를 통하여 배출된 인재가 참으로 많습니다. 한 알의 밀알이 썩어서 많은 열매를 맺음이 이렇게 분명히 드러납니다. 그것이 改의 진정한 의미인가 합니다.

개혁改革도 정치체제나 사회제도 등을 새롭게 고치는 것입니다. 혁革이 '가죽'의 의미이니 겉의 가죽을 바꾸듯이 완전히 바꾸는 것이 개혁이고 혁명革命입니다. 개혁의 결과가 잘되는 것이 개량改良, 개선改善이지요.

특히 개선은 개과천선改過遷善에서 온 말입니다. 잘못을 고쳐 선으로 옮긴 것이 개과천선입니다. 개과천선은 지혜로운 사람만이 할 수 있는 일이고, 어리석은 자는 허물을 부끄러워하면서도 잘못을 계속 저지른다고 합니다. 그래서 허물이 발견되면 곧바로 고치라고 타일렀습니다. 이것이 과즉물탄개過則勿憚改입니다. 공자님 말씀입니다. 허물이 있거나 잘못이 있으면 주저하지 말고 고쳐야 합니다. 학교를 다니며 훌륭한 사람을 만나고, 공부를 하는 이유도 여기에 있습니다. 허물을 알고 고치는 것이 공부입니다. 허물을 덮어두면 날로 자라나기 때문입니다. 허물만 자라는 것이 아니라 악도 함께 자라납니다.

개정改定과 개정改訂의 뜻도 구분해야 합니다. 한번 정했던 것을 바꾸어 새로 정하는 것이 개정改定이고, 책의 내용을 바로 고치는 것이 개정改訂입니다.

新 새 신 날로 달로 새롭게

신선新鮮, 일신日新, 유신維新

'새롭다'라는 말은 한자로 新이라고 씁니다. 新자를 가만히 보면 나무[木]와 도끼[斤]가 있습니다. 거기에 '서다'라는 뜻의 립立이 있지요. 도끼로 나무를 찍으면 또 새 순이 올라옵니다. 이것이 립입니다. 이 셋이 모여 新이라는 한자가 만들어졌습니다.

새로운 것은 항상 신선新鮮합니다. 경이롭습니다. 봄이 오면 만물이 소생합니다. 싹이 돋고 꽃이 피고 나무가 노란 순을 틔우며 자랍니다. 천지의 조화이지요. 이 자연의 힘을 막을 방법이 있을까요? 눌러도 되지 않고 강제로 해도 불가능합니다. 원자폭탄도 이들의 솟는 힘을 당해낼 수가 없습니다. 새로움은 그런 큰 힘을 지녔습니다.

여기에 하루라는 뜻의 일日이 더해져서 일신日新이라는 말이 생겼습니다. 일신은 '매일 새롭다.' 또는 '날로 새롭게 하다.'라는 뜻입니다. 새롭지 않은 것은 묵은 것이요, 옛것입니다. 묵은 것이나 옛것을 새롭게 만드는 것이 일신입니다.

이 말은 ≪서경書經≫ 〈상서商書〉에 나오는 말입니다. ≪대학≫에도 있기는 합니다. ≪서경≫의 원문은 "일신日新 일일신

日日新 우일신又日新"입니다. 어느 날 새로워졌거든, 날로 날로 새롭게 하고, 또 나날이 새롭게 하라."는 뜻입니다. 중국 은殷나라 탕湯임금의 욕조 벽면에 새겨놓은 글이었습니다.

탕임금은 목욕을 할 때마다 이 구절을 음미했을 것입니다. 목욕을 하면 몸의 때가 없어져 깨끗해집니다. 그리고 시간이 지나면 또 때가 묻지요. 이 구염舊染을 또 씻어 깨끗이 해야 합니다. 내일도 마찬가지입니다. 이것이 '일신日新 우일신又日新'입니다.

이 말을 겉으로만 보면 몸을 씻는 것만 생각하기 쉬운데 사실은 마음의 때를 씻는 것이 포함되어 있습니다. 심신수양이라는 말은 몸과 마음을 매일매일 갈고 닦아야 이루어집니다. 그것이 일일신日日新입니다. 지도자는 이런 분들이어야 합니다. 지도자가 마음을 매일 닦지 않아 덕이 부족해지면 나라 전체가 불안해지는 것은 만고의 진리입니다.

탕임금은 하夏나라의 폭군인 걸桀왕을 물리치고 은나라를 세운 임금입니다. 유명한 재상 이윤伊尹이 그의 신하입니다. 그가 성군이 된 것은 우연이 아닙니다. 매일매일 심신수양을 한 결과입니다. 오래되고 묵은 것은 관습에 젖어 나태해지기 쉽습니다. 그래서 유신維新이 나오기도 합니다. 일본의 메이지유신明治維新은 일본을 새롭게 바꾼 역사적 사건이었습니다. 新이라는 말은 이처럼 신선함을 주는 글자입니다.

下 아래 하 겸손하고 낮추라

하문下問, 불치하문不恥下問, 하학下學, 하학상달下學上達,
하교입유下喬入幽, 하당지계下堂之戒, 하당下堂

下는 '밑', '아래'의 뜻으로 많이 쓰입니다. 물론 '낮다', '나중', '내려오다', '모자라다' 등의 뜻도 있습니다. 일정한 기준을 나타내는 一의 아래쪽으로 선[|]과 점[丶]을 그려 만든 글자가 下입니다. 이 글자도 지사자指事字입니다. 많은 뜻이 있지만 역시 '아래쪽', '낮은 곳'이 원뜻입니다. 그리고 겸손하다는 뜻도 있지요.

하문下問은 아랫사람에게 묻는 것을 말합니다. 불치하문不恥下問도 그런 뜻입니다. 설사 아랫사람이라 해도 그에게 물어보는 것을 부끄러워해서는 안 됩니다. 하학下學이라는 말도 아주 기초부터 배우는 것을 말합니다. 그래서 상달上達하는 것입니다. 하학상달下學上達은 단계를 밟아 높은 학문의 경지에까지 오르는 것을 말합니다. 단숨에 이루어지고 완벽해지는 일은 세상 어디에도 없습니다. 학문이 특히 그러합니다. 큰 가마솥에 물이 끓으려면 상당한 시간이 걸립니다. 냄비와 다르지요.

이 상당한 시간이 사람으로 치면 인격 도야가 되는 기간이기도 합니다. 인격의 닦음이 없이 출세한 사람은 인류에게 큰 보탬이 되지 못합니다. 사람이 배우는 것은 지혜를 넓혀 널리 남을 이롭게 하는 데 목표가 있어야 합니다. 개인의 영달이나 출세만 생각하는 사람은 자신도 망치고 나라도 망치는 결과가 됩니다. 겸손하게 아래에서부터 익혀 위까지 통달하는 하학상달의 뜻은 오늘의 우리에게 절실히 필요합니다.

하교입유下喬入幽는 높은 곳에서 내려와 어두운 곳으로 들어가는 것을 말합니다. 그렇게 사는 것은 좋지 않은 방법입니다. 또 下가 들어가는 숙어로 하당지계下堂之戒도 있습니다. 마루에서 내려오는 것이 하당下堂입니다. 마루에서 내려올 때 조심하라는 뜻이 하당지계입니다. 조심스럽게 내려오지 않으면 발을 삘 수도 있습니다. 그러면 불효가 된다는 것입니다. 자기의 몸을 온전히 지키지 못했기 때문입니다.

하늘이 내고 땅이 길러준 것 중에 가장 으뜸이 사람이라고 합니다. 이 사람의 몸은 부모가 자기에게 온전하게 주었다는 것입니다. 그러니 자녀들은 이를 잘 보존했다가 임종을 맞아야 한다는 뜻이 들어 있는 말입니다. 제 몸을 함부로 굴려서는 안 되는 이유가 여기에 있습니다.

맹자孟子의 제자 악정자樂正子가 발을 삐었다고 합니다. 발이 다 나았는데도 수개월 동안 두문불출하며 자신을 반성하더라는 얘기에서 하당지계가 나왔습니다. 下로 인하여 만들어진 말도 새길 만한 것이 많습니다.

律 법칙 률 붓으로 기록하다

법률法律, 음률音律, 육률六律, 십이율十二律, 율사律士, 대명률大明律

律은 '법률法律', '음률音律', '가락' 등의 뜻으로 쓰이는 한자입니다. 두인변[彳]에 붓 율聿이 합해진 글자 모양입니다. 두인변은 '가다'는 뜻이 있고, 붓 율은 '기록하다'의 뜻이 있습니다. 그래서 律은 사람이 가야 할 바른 길을 붓으로 기록해놓은 것을 말합니다. 법法이 물 흐르듯 자연스런 원칙을 나타낸 것이라면, 律은 다소 인위적으로 그 원칙을 기록한 것이라 할 수 있습니다.

律은 가락이기도 합니다. 음률로 조화롭게 만든 것이 음악입니다. 그것이 가극도 되고 오케스트라도 됩니다. 그 중심에 항상 律이 있습니다. 예전에는 육률六律이니 육려六呂니 하여 십이율十二律이 사용되었습니다. 그러다가 서양 음계에 밀려버렸습니다. 그러나 음률이나 가락을 나타내는 것은 동서양이 같았습니다.

어느 것이나 각각 엄격한 법도와 규정이 있어 하나의 가락이라도 맞지 않으면 작품이 성공하지 못합니다. 마치 법령法令에 한 치의 오차도 허용이 안 되듯이 말입니다. 명지휘자는 명쾌하게 잘못된 음률을 찾아내고 다듬어 하나의 작품을 완성해야 합니다. 세상의 모든 분야가 그러합니다.

≪장자莊子≫에 "천한 소를 잡는 데도 도道가 있어야 한다."고 했습니다. 포정庖丁이 소를 잡는 것은 단순한 일입니다. 처음에는 눈으로 소를 보고 칼을 씁니다. 그러나 숙달이 되면 심안心眼으로 소의 살과 뼈를 발라낸다고 합니다. 칼 한 자루가 한 달도 못 견디다가 숙달이 되면 두 달, 세 달, 일 년, 십 년씩 새 칼처럼 사용할 수 있다고 합니다. 칼 한 자루로 19년을 쓰고도 숫돌에서 막 나온 것과 같이 다루는 사람도 있답니다. 장자의 지나친 과장인지도 모릅니다.

법률을 다루는 율사律士도 그렇습니다. 사건을 보고 문제의 핵심을 바로 집어내는 혜안이 있어야 합니다. 유방劉邦을 도왔던 진평陳平도 그런 사람이었습니다. 그는 가난하여 고향에 있을 때, 마을 제사에 쓴 고기를 나누어주는 일을 맡았습니다. 그 나눔이 얼마나 공평했던지 사람들이 모두 칭찬했습니다. 그러자 진평이 말하기를 고기뿐만 아니라 천하의 재상자리를 내게 맡기더라도 더 공평하게 할 수 있다고 했습니다. 과연 그는 유방을 도와 한漢나라의 기틀을 잡는 큰 인물이 되었습니다.

律은 이처럼 조화롭고 아름답게 그리고 공평하게 실행해야 할 법문法門입니다. ≪대명률大明律≫이라는 법전처럼 말입니다.

名 이름 명 명불허전해야

작명作名, 명예名譽, 경명사상敬名思想, 양명揚名

名은 '이름'을 말합니다. 名이라는 글자는 저녁 석夕자에 입 구口자를 합하여 만들어졌습니다. 글자 모양으로 보면 밤에 부른다는 뜻으로 이루어진 글자가 名입니다. 낮에는 잘 보이기 때문에 이름을 부르지 않아도 찾을 수 있지만, 밤에는 이름을 불러야 알게 된다는 것입니다. 이름 名자는 이렇게 만들어졌습니다.

사람이 태어나면 누구나 이름을 부여받습니다. 우리의 작명作名에는 그 핵심이 오행사상五行思想이라 할 수 있습니다. 오행의 상생相生이 바탕이 됩니다. 물이 나무를 돕고, 나무가 불을 도우며, 불은 흙과 상생하며, 흙은 쇠와 조화하며, 쇠는 다시 물을 나게 하는 것이 상생의 원리입니다. 여기에 ≪주역周易≫의 괘卦를 통한 수의 원리가 첨가되어, 획수를 맞추어 작명하게 됩니다. 그 바탕에도 사주四柱가 작용합니다. 사주는 태어난 연·월·일·시를 말합니다.

이름은 사주에 정해진 간지干支에서 부족함을 채워주도록 짓기 때문에 많이 불러주면 복이 채워지게 된다고 합니다. 말이 씨가 된다는 것은 이름 부르기에도 적용이 됩니다. 어떤 어려움이 있어도 부모는 최선을 다해 좋은 이름을 지어줍니다.

우리는 이렇게 받은 이름을 소중하게 다루어야 합니다. 자기의 이름이 가치 없이 함부로 불리지 않게 하는 것은 조상에 대한 최소한의 예의이기도 합니다. 이름이 신문지상의 사기범이나 파렴치범에 오른다면 자신은 물론 부모에게까지 큰 욕을 보이는 것입니다. 목숨을 바쳐 이름을 지키고, 명예名譽를 추구하는 이유가 여기에 있습니다.

더구나 옛적에는 경명사상敬名思想이라 하여 남의 이름을 함부로 부르지 못했습니다. 이름은 임금이나, 스승이나 아버지만이 자유로이 부를 수 있었습니다. 그렇지 않을 경우는 대단한 결례로 여겼습니다. 그래서 이름 대신 불러도 되는 자字가 생기고 이어 호號가 생겼지요. 오늘날도 자기 아버지의 이름을 말할 때, '경慶자 수洙자를 씁니다.'라고 한 자 한 자 띄어 말하는 것은 이름을 이어부를 수 없어 그렇게 하는 것입니다.

≪소학小學≫에도 나옵니다. "몸은 부모에게서 받은 것이니, 잘 보존해야 하고, 출세하여 이름을 날리는 것이 효도의 끝이다."라고 말입니다. 여기서 이름을 드날리는 것을 양명揚名이라 합니다. 사법시험에 합격하거나, 세계적인 학술논문을 발표하거나 훌륭한 운동선수가 되는 것 모두 양명입니다. 이름을 잘 보존하고, 드날리는 것이 참으로 귀한 일입니다.

字 글자 자 관례 때 짓는 이름

문자文字, 자호字號

字는 이름 대신 부르는 '호칭'을 말합니다. '글자', '문자文字'라는 뜻도 있지만 여기서는 호칭으로 부르는 字에 대한 얘기를 하려 합니다. 우선 字의 상형을 보면 집 면宀 부수에 아들 자子 자가 합해져 만들어진 글자입니다. 字는 집에 자녀가 태어나면 식구 수가 불어난다는 뜻이 들어 있습니다.

호칭으로 부르는 字는 관례冠禮나 계례笄禮 때에 주례자가 지어줍니다. 남자나 여자가 나이가 들면 어른의 예禮를 행합니다. 남자는 모자[冠]를, 여자는 비녀[笄]를 씌우는 의례이며, 이후로는 어른스런 덕을 따르도록 권면합니다.

옛적에는 이름을 높이는 사상이 있어, 남의 이름을 함부로 부르는 것은 대단한 결례였습니다. 그러나 이름 대신 쓰는 字의 경우는 그런 제약에서 벗어나 친구 사이거나 아는 사람끼리 터놓고 부를 수 있는 호칭이었습니다. 이름은 다만 군君·사師·부父만이 제약 없이 부를 수 있었고, 스스로도 자기 이름을 아무렇게나 드러내지 않았습니다.

자신의 이름을 아뢰는 경우는 상대에게 자신을 낮추는 경우입니다. 그러므로 군 · 사 · 부가 아닌 사람이 이름을 부르면 자신을 매우 무시하는 것으로 생각하게 되었습니다. 그러므로 字를 지어 이름 대신에 부르게 했던 것입니다.

字를 지을 때에는 호號와 다르게, 이름의 글자를 고려하여 짓는 경우가 많습니다. 물론 관례를 주관한 어른이 지어주는데, 이름의 글자를 고려하여 字를 지어 축하해줍니다.

가령 이름자에 강江이 있으면 字는 강과 관련 있는 깊을 심深자를 넣어 짓고, 이름자에 저울대 형衡자가 있으면 字에는 평할 평平자를 넣어 글자가 서로 호응하도록 지어주는 것과 같습니다. 이런 이치로 형亨자가 있으면 통通자를 넣고 량亮자가 있으면 명明자를 넣고, 공恭자가 있으면 손遜자를 넣어 관련시켰습니다. 그러면서 명名의 의미를 확충해주며, 명名의 부족함을 字가 보완해주도록 하였습니다.

이를테면 홍여방洪汝方이라는 사람의 字를 자원子圓으로 지었는데, 이는 모난 것이라는 뜻의 방方자에 대해, 둥글고 원만하게 하라는 의미의 원圓자를 쓴 것이고, 안지安止의 字가 자행子行인데, 지止처럼 그쳐서만 안 되고 행行하기도 해야 한다는 의미가 보완된 거지요.

지금은 字를 많이 사용하지 않지만 예의범절이 깍듯했던 옛날에는 이렇게 호칭에도 질서가 있었습니다. 이것도 선조들에게서 물려받은 하나의 전통입니다. 또 마음에 드는 좋은 字를 하나 갖는 것도 즐거운 일입니다.

號 이름 호 자기의 또 다른 이름

기호記號, 아호雅號, 당호堂號, 자호自號, 작호作號

號는 '부르짖다'는 뜻과 이름 대신에 쓰는 호칭으로 많이 쓰이는 글자입니다. 글자의 모양도 기호記號 호号자와 범 호虎자가 모여 이루어졌지요. 이 두 글자가 모두 '부르짖다'와 관련이 있어 그 뜻이 나왔습니다.

명名이나 자字 이외에 부를 수 있는 호칭으로 號도 널리 사용됩니다. 號는 아호雅號라 하여 개인의 별명처럼 부르는 별칭입니다. 대개 예술가들이 자신의 작품에 이름 대신 號를 쓰고 있습니다. 당호堂號라는 것도 있는데 선비들이 거처하는 집에 명칭을 붙인 것입니다. 이것이 뒷날 의미가 확대되어 그 집주인의 호칭으로 사용되기도 하였습니다. 지방을 다니다 보면 사랑채의 출입구에 애일당愛日堂이니 지지당止止堂이니 하는 현판을 보게 됩니다. 이것이 당호인데 대체로 그 주인의 지향하는 바를 암시하는 것이기도 합니다.

號는 이름과 달리, 제약 없이 누구나 불러도 되고 존칭접미사를 붙이지 않아도 결례가 아닙니다. 옛날에는 글의 내용에 따라 자신의 이름을 숨기고자 號만 사용한 경우도 있었습니다. 우리 고소설에 작자가 분명하지 않은 것도 이런 현상이라 할 수 있습니다.

우리나라에서 號가 일반화된 것은 중국 송宋나라의 영향으로 볼 수 있습니다. 중국도 송에 와서 號가 널리 쓰였습니다. 송나라가 우리의 고려시대와 같은 시기라 우리도 고려조 이후에 號가 널리 통용되었습니다. 고운孤雲이니, 백운거사白雲居士니, 목은牧隱 등이 모두 고려 이전의 號이지요. 더러는 號가 본명보다 더 널리 알려지는 경우도 있었습니다. 퇴계退溪, 율곡栗谷, 다산茶山이 그렇고, 현대에도 육사陸史, 지훈芝薰, 목월木月 등이 그러합니다.

명名과 자字는 자신의 뜻에 따라 지어진 것이 아니지만 號는 그렇지 않습니다. 자기 스스로 지은 자호自號도 있고, 타인이 그 사람의 특징을 살펴 지어줄 수도 있습니다.

작호作號는 그 사람이 거처한 지명을 택하기도 하니, 정도전鄭道傳의 삼봉三峰, 박지원朴趾源의 연암燕巖이 모두 그 거처했던 곳입니다. 또 평소의 추구하는 뜻이나 삶의 철학을 담기도 하는데 정약용丁若鏞의 여유당與猶堂 같은 당호가 그렇습니다.

3장 힘보다 지혜

畫 그림 화 춘화에도 지혜가

화단畫壇, 춘화도春畫圖, 화가畫家, 화맥畫脈, 문인화文人畫

畫는 '그림'이라는 뜻입니다. 畵로도 쓰는데 이는 畫의 속자입니다. 속자란 서로 통용하여 쓰는 글자를 말합니다. 이 글자는 붓 율聿자에 전田자와 일一자의 어울림입니다. 율聿은 손으로 잡은 붓의 모양[illegible]이고, 전田은 도면에 밭 모양의 그림을 그린 모습이고 일一은 경계를 표시한 것입니다. 畫자는 이렇게 구성되었습니다.

구한말 고종高宗 임금의 일화 한 토막입니다. 임금님도 정사에 골몰하다 보면 휴식이 필요합니다. 당시에 진도珍島 출신의 허소치許小痴(허련許鍊) 선생이 화단畫壇에 이름을 날리고 있었습니다.

고종이 어느 날 그를 불렀습니다. 그리고는 장난삼아 춘화도春畫圖를 하나 그려 바치라고 명령하였습니다. 춘화도는 알다시피 남녀의 사랑을 노골적으로 나타내는 그림이지요. 더구나 점잖지 못하다 하여 내놓고 말하는 이도 드문 시대입니다. 그럼에도 임금이 이를 그려 바치라 하니 난감한 일이 아닐 수 없었습니다. 그렇다고 곧이곧대로 덜렁 춘화도를 그려 바친다면 이는 임금의 마음을 읽은 것이 아니지요. 천하의 허소치가 이런 망령된 일을 할 수는 없는 일입니다. 돌아와 소치는 궁리에 궁리를 거듭했습니다.

궁하면 통한다고 했던가요. 그리고 얼마 후 소치 허련이 과연 그림을 그려 바쳤습니다. 그것은 화가畫家의 절묘한 상상력이 드러난 멋진 작품이었습니다.

깊은 산속 반쯤 기울어진 외딴 초가집이 있었습니다. 섬돌 위에 남녀의 신발이 나란히 놓여진 그림이었습니다. 사방이 적막하고 조용한 곳입니다. 더구나 사방이 밝은 대낮입니다. 초가삼간의 툇마루가 있는 집의 섬돌 위에 나란히 벗어놓은 신발이 방안의 장면을 연상케 합니다.

남녀의 신발 두 켤레가 전해주는 진한 여운, 이것이 허소치의 번득이는 재주입니다. 고종이 이를 보고 무릎을 친 것은 물론입니다. 자고로 득명得名은 저절로 되는 것이 아님을 소치에게서도 읽을 수 있습니다.

우리가 아는 대로 소치는 호남의 화맥畫脈을 이은 대가입니다. 소치는 윤두서尹斗緖, 초의선사草衣禪師, 추사秋史의 도움을 받은 문인화文人畫의 대가이며, 헌종憲宗의 후원도 받은 분입니다. 시나 그림이나 이런 기지機智가 있어야 대가가 됩니다.

強 굳셀 강 어거지와 한계

강국強國, 강력強力, 강제強制, 강압強壓, 강간強姦

強은 '강하다', '굳세다' 등의 뜻으로 쓰이는 한자입니다. 強의 오른쪽 부분[虽]이 살을 파먹는 바구미라는 벌레의 상형이고, 왼쪽은 활[弓]입니다. 활이 들어가 더욱 힘이 센 것으로 표현되었습니다. 바구미는 아주 작은 벌레인데 이것이 쌀을 갉아먹어 피해가 심했습니다. 작은 것이 세다는 것이 여기서도 입증됩니다. 미세한 먼지가 천지를 덮으면 숨을 못 쉬는 황사가 되고, 눈에 보이지 않는 박테리아가 사람을 죽입니다. 개미구멍이 큰 둑을 무너뜨리듯이 작은 벌레 하나가 가마니 쌀을 모두 먹어치웁니다. 그래서 強이라는 글자가 이루어졌습니다.

강국強國이라고 하면 무력이 강하여 힘이 센 나라를 뜻합니다. 강력強力한 탱크와 폭탄이 많은 나라입니다. 그러나 실제로 강한 나라는 이런 물량보다는 정치가 안정되고 백성이 단합된 나라라 할 수 있습니다.

나라를 지키는 데는 군사력[兵], 풍부한 식량[食], 백성들의 단결심[信]이 있어야 한다고 공자님이 말씀하셨습니다. 이중에 하나를 뺄 수밖에 없는 사정이 생기면 어느 것을 먼저 없애려는지요? 그것은 바로 군사력이라고 공자가 말씀하셨습니다. 다음은 어느 것이냐 했더니, 먹는 것을 지목했다고 합니다. 눈에 보이지 않는 백성들의 신의가 얼마나 중요한가를 알려주는 것이라 생각됩니다.

강하다는 것은 맹목적인 힘만 뜻하는 것이 아닙니다. 힘이란 육체적인 힘도 있지만 정신적인 힘도 있지요. 정신력의 강함이 육체적인 힘의 강함보다 우선한다는 것은 모두 아는 일입니다.

강한 것만으로 따진다면 중국의 건국신화에 나오는 반고盤古나 ≪장자莊子≫에 나오는 곤을 꼽을 수 있습니다. 반고는 일만 팔천 년을 살았는데 하루에 한 자씩 자라 오른손으로는 지구를 들고, 왼손으로는 하늘을 바치고 서 있었다고 합니다. 곤은 작은 물고기였는데 점점 자라 크기가 몇천 리가 되고 붕새가 되어 한 번 날갯짓에 수백 리를 난다고 합니다. 모두 신화나 전설적인 설화인데, 그 강한 것들도 모두 죽었습니다.

강한 것은 부드러운 것을 이기지 못합니다. 인도의 간디는 무저항주의로 유명합니다. 그는 힘을 쓴 것이 아니로되 힘센 영국을 궁지에 몰아넣었습니다.

强에는 '억지', '어거지'라는 뜻도 있습니다. 강제强制, 강압强壓, 강간强姦 등이 그렇습니다. 세상을 살다보면 순리가 아닌 억지로 되는 일이 없었습니다. 무리하게 한 일은 뒤탈이 있거나 반드시 뒤집어지는 것을 많이 보았습니다.

卯 토끼 묘 토끼가 주는 희망

신묘년辛卯年

신묘년辛卯年은 토끼띠의 해입니다. 토끼가 주는 밝음, 명랑함, 신비감은 항상 우리를 희망차게 합니다.

해에는 까마귀가 있고 달에는 토끼가 있다고 합니다. 그래서 까마귀는 양陽, 토끼는 음陰으로 분류합니다. 이 까마귀는 검은 색이며 발이 셋인 삼족오三足烏로, 고구려 고분인 각저총角觝塚 벽화에 그려져 있습니다. 3이 양陽의 수이므로 발이 셋이라고 합니다. ≪초사楚辭≫와 ≪산해경山海經≫에 나타나 있습니다.

설화說話에 나오는 토끼는 신명神明의 후예라 입으로 새끼를 낳는다고 하고, 신선술神仙術에 능해 두꺼비를 타고 달나라에 갔다고 합니다. 그때 절세미인 항아姮娥와 함께 갔다고 하지요. 항아는 불사약을 훔쳐 먹어 도망갈 수밖에 없는 처지였다고 합니다. 평생을 죽지도 못하고 과부로 살았다고 하지요. 달에서 찧는 토끼의 방아가 약방아라는 것도 이와 관련이 깊습니다.

토끼는 입이 찢어진 언청이라, 임산부의 기피음식인데 그 고기가 홍역에는 효험이 있다는 속설도 있습니다. 흰빛이 토끼의 원 색깔인데 500년 된 것이라야 제빛을 낸다고 합니다. 종류도 많아 큰 것은 송아지나 말만 한 것도 있다고 합니다. 수염이 길어 붓의 재료가 되므로 무관武官보다는 문관文官의 사랑을 받고, 몸의 구멍이 여덟이라는 것 등 특이한 이야기도 전합니다.

동곽준東郭逡이라는 토끼는 달리기를 잘하여 이름난 사냥개도 따라오지 못했습니다. 한로韓盧라는 이름난 사냥개가 동곽준을 잡으러 갔는데, 산을 세 바퀴나 돌고 다섯 번이나 오르내려도 따라잡지 못했습니다. 결국 토끼도 지쳐 기절을 했는데, 사냥개는 이미 뒤에서 쓰러졌고 곧 숨을 거두었다고 합니다.

이런 얘기를 보면 '토끼와 거북이'의 동화가 우연히 나온 것이 아닙니다. 한로도 그러했으니, 토끼 편에서 보면 거북이 정도는 한잠 자고 달려도 염려 없다고 생각할 만하지요. 그러나 자만은 금물입니다. 신라新羅의 김춘추金春秋가 당唐나라와의 외교전에 활용한 귀토지설龜兎之說도 토끼의 영리함과 지혜로움이 있어 가능했습니다.

지혜롭고 영리해 항상 세 개의 구멍을 준비하여 숨을 계책을 꾸미는 것도 토끼가 지닌 술책이라 합니다. 이것이 교토삼굴狡兎三窟이지요. 한신韓信이 유방劉邦에게 죽임을 당할 때 말했다는 토사구팽兎死狗烹, 송宋나라의 어리석은 농부 이야기인 수주대토守株待兎도 토끼와 관련된 고사성어입니다.

假 거짓 가 영원한 소유는 없다

가면假面, 가차假借, 호가호위狐假虎威

假는 '거짓'이라는 뜻으로 많이 쓰입니다. 진짜에 대한 가짜가 그것입니다. 이 글자는 원래 사람이 광산에 가서 비싼 보석을 두 손으로 가져오는 모습을 형상한 것입니다. '빌린다'는 뜻도 그래서 나온 것입니다. 글자모양을 말로만 설명하려니 제대로 전달이 어렵습니다. 하기는 우리가 소유한 귀한 보석도 잠깐 빌려씀에 지나지 않습니다. 영원한 소유는 없습니다. 빌리는 것은 원래 자기 것이 아닌 것을 잠깐 사용하는 것입니다.

얼굴에 비슷한 모습의 탈을 빌어다 쓰면 가면假面이 되고, 글자인 문자를 빌어다 쓰면 가차假借 문자가 됩니다. 처용탈 · 하회탈도 광대가 빌어다 쓰고 연희를 하는 것입니다. 참이 아닌 것이 참처럼 하는 속에서 해학도 묻어나옵니다. 우리의 서민문화가 그렇습니다. 변강쇠가 그렇고, ≪심청전沈淸傳≫에 나오는 뺑덕어멈이 그렇습니다. 이것이 오히려 진솔한 삶의 모습이라 할 수 있습니다. 그런 면에서 속임, 거짓, 가짜도 의미가 있기는 합니다. 속이되 완벽하게 속여야 합니다. 글도 훔쳐 쓸 수 있지만 완벽하게 훔쳐야 합니다. 잘못하면 표절剽竊이 됩니다.

얼마 전 중국 식품에 가짜 계란이 있다는 말을 듣고 놀란 적이 있습니다. 비싼 시계나 보석 등의 짝퉁은 혹 몰라도 싸구려 달걀의 짝퉁을 만들다니 너무 심하다는 생각이 들었습니다. 달걀을 만들 수 있다면 무엇을 만들지 못하겠습니까? 식품은 사람의 생명과 관계가 있습니다. 다른 사람이야 해롭든 말든 나의 이익만 챙기면 된다는 것입니까? 그러지 않아도 먹거리가 문제가 되는 세상인데 말입니다.

일찍이 공자孔子님은 제철에 나는 음식이 아니면 드시지 않았습니다. 제철의 음식이라 하더라도 반듯하게 자르지 않은 것은 드시지 않았습니다. 아무리 좋은 약이라 하더라도 그 성분을 확인하지 않으면 내치셨습니다. 공자님이 오늘의 우리 식단을 보시면 뭐라 하실까요? 거기다가 가짜까지 판을 치니 말입니다.

서류를 위조한 가짜 내용의 기사도 자주 보도됩니다. 여권도 위조하고 면허증도 위조합니다. 더구나 학력도 위조한다니 할 말이 없습니다.

여우가 호랑이 행세를 하는 고사故事도 있습니다. 호가호위狐假虎威 말입니다. 가짜 행세입니다. 아버지가 재벌이면 어린 아들도 재벌 행세를 합니다. 형이 권력자면 아우도 그 행세를 합니다. 모두가 假에서 나온 것입니다. 假가 통하는 것은 창조를 위한 몸부림일 때만 가능합니다.

老 늙을 로 늙은이의 모습

노인老人, 노련老鍊, 기로소耆老所, 원로元老, 양로원養老院,
기로당상耆老堂上, 노욕老慾

老는 '늙다', '익숙하다' 등의 뜻을 가진 한자입니다. 글자 모양이 나이 많은 노인을 상형한 것으로 갑골문[⺹]에서 밝혀졌습니다. 머리와 수염이 길고 허리가 굽었으며 지팡이를 짚은 모양을 문자로 나타낸 것이 老라고 합니다.

누구나 나이가 들면 젊음이 그립고, 화려했던 옛날이 그립게 마련입니다. 몸은 늙어도 지혜는 더 밝아지는 것이 노인老人입니다. 살아온 경륜이 보태져서 그렇습니다. 그래서 '익숙하다'의 뜻도, '노련老鍊하다'의 뜻도 있게 되었습니다.

예전에는 나이 일흔이 되면 자발적으로 왕에게 벼슬을 내놓고 귀향 신청을 했습니다. 이를 치사致仕라 했지요. 이때 쓰는 용어가 '걸해골乞骸骨'입니다. '해골을 빌다.'는 뜻이지요. 살아서 고향에 돌아가겠다는 의미입니다. 그러면 임금은 그간의 노고를 치하하고 편히 앉을 수 있는 의자와 지팡이 하나를 하사下賜합니다. 이 지팡이가 청려장靑藜杖입니다. 명아줏대로 만든 가벼운 지팡이입니다. 요즈음 황조근정훈장과 비교할 수 있을 듯

합니다.

그리고 기로소耆老所에 이름을 올립니다. 기로소는 국가에 공이 있는 원로元老들의 양로원養老院이라 할 수 있습니다. 조선 중기 이후에는 기로소에 들어갈 수 있는 자격에 제한을 두기는 했지만 정경正卿으로서 70세 이상 된 문신이면 해당되었습니다. 숙종肅宗 때에는 이들을 기로당상耆老堂上이라 하여 관아의 서열에서는 기로소가 으뜸을 차지하기도 하였습니다. 기로소는 임금의 탄신일과 정조正朝, 설날, 동지, 그리고 나라에 경사가 있거나 왕이 행차할 때, 모여서 하례賀禮를 행하거나 중요한 국사國事의 논의에 참여하여 왕의 자문에 응하는 역할도 하였습니다.

≪맹자≫에 '득기소재得其所哉'라는 말이 나옵니다. 자기에게 가장 어울리는 자리에 있다는 뜻입니다. 푸른 들판을 찾는 동물도, 물가를 거니는 백조도 제자리를 얻으면 안락하고 평화롭다는 말입니다. 하물며 사람이 제 역할을 다하고 나이가 들어 물러나 기로소에 들든지, 그에 못 미치든지 간에 알맞은 처소에서 할 만한 일을 하며 지내는 것은 아름다운 모습입니다. 노욕老慾에 젖어 물러날 줄 모르는 노인은 되지 말아야 합니다. 모든 욕심을 떨치고 맑고 고아한 자태로 살아가도록 노력해야 합니다. 사실, 이것은 모든 늙은이들의 소망이기도 할 것입니다.

百 일백 백 하나에서 백까지

백성百姓, 백출百出, 백화百貨, 백년하청百年河淸, 오십보백보五十步百步, 백발백중百發百中, 백인百忍

百은 숫자 '백'을 뜻하는 글자입니다. 백白자과 일一자가 더하여 만들어진 글자입니다. 백白에 '말하다'라는 뜻이 있습니다. 하나[一]에서 말하여 百이 되면 하나의 매듭이 되었다 하여 숫자 '백'을 뜻하게 되었습니다.

이 百은 '많다'는 뜻도 지니고 있습니다. 백성百姓이라고 하면 많은 성씨들의 모임을 뜻하고, 이는 다시 국민들을 뜻하는 말이 되었습니다. 묘기 백출百出, 백화百貨도 모두 많다는 뜻으로 쓰였습니다.

백년하청百年河淸도 그런 뜻의 百입니다. '백 년 동안 황하가 맑기를 기다린다.'는 뜻입니다. 중국의 황하는 그 연안이 황토인지라 항상 황토물이 흐릅니다. 그럼에도 황하가 맑게 흐르기를 기다린다는 것이 백년하청입니다.

이와는 조금 다르게 수를 나타내는 百도 있습니다. ≪맹자≫에 나오는 백보百步라는 말이 그렇습니다. 이때는 많다는 뜻보다 걸음의 수를 나타내는 百입니다. 바로 오십보백보五十步百步

가 그것입니다. 전쟁에 참가했습니다. 전세가 불리하여 모두 허겁지겁 후퇴하게 되었습니다. 그러다 보면 어떤 이는 오십 보 물러나고 어떤 이는 백 보를 달아나기도 했습니다. 이때 오십 보 물러난 병사가 백 보 달아난 병사를 겁쟁이라 비웃었다는 데에서 오십보백보라는 말이 나왔습니다.

백발백중百發百中에도 百이 있습니다. 활을 쏘는 솜씨가 뛰어나 쏘는 족족 모두 맞히는 것이 백발백중입니다. 실제로 춘추시대 초楚나라의 명장 양유기養由基가 그런 명궁名弓으로 알려져 있습니다. 그는 상대 장수만 잘 맞히는 것이 아니라, 백 보 밖에 있는 버드나무 잎도 맞히는 사람이었습니다. 그래서 백발백중이 유래했습니다.

백인百忍은 오랫동안 참는다는 뜻입니다. 당唐나라에 장공예張公藝라는 분은 9대째 한 집안에 대가족이 모여 살았다고 합니다. 마침 고종高宗이 그곳을 지나다가 이처럼 가정이 화목한 비결을 물었습니다. 그랬더니 장공예가 지필을 가져다 참을 인忍자를 백 번 써서 바쳤다고 합니다. 백인은 온갖 어려움을 참고 오래 견딤을 뜻하는 것입니다. 하긴 참음 없이 이루어지는 일이 없습니다. 百자에는 이런 고사들이 있습니다.

前 앞 전 앞 수레가 주는 교훈

전거지감前車之鑑, 전인箭人

前은 '앞', '미래', '나가다'의 뜻으로 쓰이는 한자입니다. 글자 모양이 지止자에 배를 뜻하는 주舟자가 합해진 형상입니다. 배를 타고 앞으로 나간다는 뜻이 담겨 있습니다. 이를 보면 이동 수단으로 배가 진작부터 있었음을 알 수 있습니다. 중국 여행길에 보면 작은 강줄기가 거미줄처럼 연결되어 있는 것을 볼 수 있습니다. 배는 이처럼 지역과 지역을 잇는 생명줄이었습니다.

우리는 아무도 미래를 알지 못합니다. 그래서 사람들은 미래를 예측하는 용한 이를 찾아 헤매기도 합니다. 하늘의 기미를 미리 아는 일을 천기누설天機漏泄이라 하여 금기시하기도 했습니다. 그러나 때로 지혜로운 이가 있어 이를 예측하기도 했습니다. 신라의 선덕여왕善德女王이 그런 사람입니다.

그는 진평왕眞平王의 딸로 632년 왕위에 올랐습니다. 마침 당唐나라 태종太宗이 모란을 그린 그림을 선물로 보내왔습니다. 석 되의 꽃씨와 함께 말입니다. 이를 본 여왕은 이 꽃은 반드시 향기가 없을 것이라고 예언했습니다. 과연 꽃씨를 키운 결과 꽃에 향기가 없었습니다. 꽃그림에 나비가 없는 것을 보고 이를 예측한 것입니다.

또 한번은 영묘사靈廟寺의 연못인 옥문지玉門池에 개구리 떼가 몰려들어 사흘 넘게 울어댔습니다. 한겨울인데 말입니다. 개구리의 우는 모습은 병사를 말하고, 옥문지의 옥문玉門은 여근女根을 뜻합니다. 왕은 즉시 병사 2천을 동원하여 경주慶州의 서쪽 부산富山에 있는 여근곡女根谷으로 출동시켰습니다. 지금 경부고속도로의 건천乾川 부근입니다. 과연 거기에는 백제의 군사 500명이 잠복하고 있었는데 일거에 모두 물리쳤습니다. 사내들이 여근곡女根谷에 들었으니 죽을 수밖에 없지요.

마지막으로 왕은 자기가 죽을 날짜와 묘터를 예언하였고, 과연 예언대로 사망했습니다. 지금 경주의 남산南山 남쪽에 있는 여왕의 무덤이 바로 그 자리입니다. 요즈음 복원되고 있는 사천왕사四天王寺의 위쪽입니다.

이 세 가지는 ≪삼국유사三國遺事≫에 기록되어 있습니다. 이를 지기삼사知機三事라 하여 수수께끼의 시발로 삼기도 합니다. 평범한 사람은 한 가지도 알기 어려운 일인데 이처럼 예측을 할 수 있었던 것은 통치자의 혜안이 있었기 때문이라 생각됩니다. 또 통치자가 되려면 이런 혜안도 있어야 할 듯합니다.

전거지감前車之鑑은 먼저 지나간 수레의 가르침이라는 뜻입니다. 전인前人의 실패는 후인後人에게 거울이 되기도 합니다. 하지만 지혜로워야 가르침도 받아들일 수 있습니다.

救 구할 구 친구를 구한 소년

구제救濟, 구조救助

救는 '구제하다', '건지다'의 뜻입니다. 救는 구할 구求에 칠 복攵이 합하여 이루어진 글자입니다. 어려운 상황에 처한 사람이 무언가 구求하는 것을 손으로[攵] 잡아줘 도와주는 것이 救의 뜻입니다.

사람은 남의 어려움을 보면 자신도 모르게 측은한 마음이 생깁니다. 교통사고로 다친 사람을 보면 생면부지의 사람이라 하더라도 무조건 병원으로 데려가 보살펴주고 갑니다. 길을 가다가 어린이가 우물에 빠지려 하면 자기도 모르게 몸을 날려 어린이를 구해 안전한 곳으로 옮겨줍니다.

사람들은 누구나 그렇습니다. 특별히 마음이 어질거나 착한 사람만 이렇게 하는 것이 아닙니다. 이런 것을 보면 인간이란 누구나 보편적인 착한 심성을 지니고 있음을 알 수 있습니다. 보상을 바라서 하는 것도 아니고 명예를 얻기 위해서 하는 것도 아닙니다.

이 救의 뜻은 이처럼 좋은 의미로 사용됩니다. 나라에서 제도적으로 하는 복지정책도 구제救濟의 실행이고, 각 종교단체에서 베푸는 구제도 이 救의 의미입니다. 교회나 사찰에서도 헌금과 시주의 많은 부분을 구제사업에 쓰고 있습니다. 구제는 모두를 살리는 아름다운 일입니다.

중국 여행을 하다 보면 자기 키보다 큰 항아리 앞에서 작은 소년이 돌로 항아리를 깨는 모습의 그림을 자주 봅니다. 이것이 '격옹擊甕'이라는 그림입니다. 격옹은 '항아리를 깨다.'라는 뜻입니다. 이 그림에 나오는 작은 소년이 북송北宋의 사학자요, ≪자치통감≫을 지은 사마온공司馬溫公(사마광司馬光)입니다.

사마온공이 어렸을 때의 일입니다. 여러 아이들과 뜰에서 놀고 있었습니다. 큰 항아리가 있었는데 한 아이가 그 위에 올라가서 놀다가 발이 미끄러져서 그만 항아리의 물속에 빠져버렸습니다. 다른 아이들은 겁이 나서 허둥거리며 당황하다가 모두 도망가버렸습니다. 그러나 사마온공은 혼자서 돌을 주워 와서 돌로 항아리를 깨고, 물에 빠진 아이를 구조救助하였습니다. 사마온공은 어려서부터 이처럼 침착하고 슬기로웠습니다.

이것도 구제에 해당합니다. 그러나 구제에는 한계가 있습니다. "멀리 있는 물은 가까운 불을 끌 수가 없고, 멀리 있는 친척은 가까이 사는 이웃만 못하다."는 말이 있습니다. ≪명심보감≫에 나오는 말입니다. 물이 있어도 친척이 있어도 모든 것을 구할 수 없습니다. 남의 도움보다 스스로의 노력이 절실한 이유입니다.

破 깨뜨릴 파 파자 놀이

파경破鏡, 파탄破綻, 파선破船, 파자破字

破는 '깨뜨리다', '쪼개다', '부수다' 등의 뜻으로 쓰입니다. 돌 석石자에 가죽 피皮자가 합해진 글자입니다. 합하면 돌 가죽, 돌 껍질이라 할 수 있습니다. 돌은 겉에서부터 부스러지니 破에 '깨지다'라는 뜻이 생겼습니다. 하나의 물체가 둘 이상으로 분리되는 것이 破입니다. 거울이 깨지는 것이 파경破鏡이고, 일이 잘 이루어지지 못하고 그릇되는 것이 파탄破綻입니다. 破는 '분리되다', '다하다'의 의미도 있습니다.

나루터에서 피皮씨 성을 가진 분이 돌[石] 위에 앉아 있다가 배를 탔습니다. 옆에서 배를 기다렸던 사람이 배가 출발해도 타지를 않았습니다. 그 이유를 물었더니 저 배가 파선破船하리라 했습니다. 과연 조금 가더니 배가 깨져 물에 가라앉았습니다. 그 사람 말이 "돌石 위에 앉았던 피皮씨가 탔으니."라고 했다는 민담이 있습니다. 이것이 파자破字입니다.

태조太祖 이성계李成桂의 재야 시절 이야기입니다. 파자점破字占을 치는데 물을 문問자를 짚었습니다. 이를 본 점쟁이가 옷깃을 여미고 절을 하며 "장차 군왕이 될 상相입니다."라고 했습니다. "문問자를 반으로 갈라보면 왼쪽으로 보나 오른쪽으로 보나 임금 군君이다."라는 것입니다.

믿기지 않아 다리 밑의 거지에게 옷을 벗어 주며 점을 치게 했습니다. 그리고 같은 문問자를 짚도록 했습니다. 그랬더니 점쟁이가 핀잔을 주며 하는 말이 "거지 상相이다."라고 했습니다. "문門 안에 입 구口가 있으니 어딜 가도 빌어먹을 상이다."라는 것입니다. 이를 보고 태조는 "믿을 만하다."고 기뻐했답니다.

재미있는 파자 이야기입니다. 이는 한자를 이용하여 여러 가지 뜻풀이를 하며 상상력을 기르고 길흉화복에 대한 흥미를 더하는 놀이입니다.

어느 총각이 아름다운 처녀에게 프러포즈를 했습니다. 이를 받은 처녀가 "일점삼구一點三口 우두불출牛頭不出"이라 써주고는 얼굴을 붉히며 가버렸습니다. 이를 한참 생각하던 총각이 무릎을 치며 좋아하더랍니다. 이 두 구절이 허락할 허許자가 되기 때문입니다.

일점삼구一點三口는 언言자를 파자한 것이고, 우두불출牛頭不出은 오午자를 설명한 말입니다. "소[牛]에 머리가 나오지 않았다."가 우두불출인데 그것이 바로 오午자인 것입니다. 언言과 오午를 합하면 허락할 허許가 됩니다. 써준 처녀나 해독한 총각이나 수준 높은 인문학적 교양과 품격을 지녔다고 할 수 있습니다.

讀 읽을 독 글을 읽는 비결

독서讀書, 구두句讀 이두吏讀

讀은 '읽다'라는 뜻입니다. 구두句讀라고 할 때는 그 음을 '두'로도 읽습니다. '소리가 끊이지 않고 이어진다.'의 뜻은 '독'이고, 문장을 '끊어 읽는 마디'의 뜻으로는 '두'로 읽습니다.

이 讀은 말씀 언言자에 이을 속續자의 오른쪽 부분이 합하여 만들어진 글자입니다. 이 오른쪽 부분이 매賣와 비슷한 '賣(팔 육)'이라고 합니다. 독讀의 대표적인 쓰임이 '책을 읽다.'의 뜻인 독서讀書가 아닐까 합니다. 그러나 정작 시험문제에 출제되는 것은 '두'로 읽는 경우입니다. 기억해둬야 할 일입니다. 이두吏讀와 구두가 그 예입니다.

구두는 한자나 한문 문장에서 띄어 읽는 마디를 말합니다. 한문에서 어디를 띄느냐와 어떤 토吐를 붙이느냐는 매우 중요한 문제입니다. 뜻이 완전히 달라지기 때문입니다. 이 때문에 가끔 송사訟事에 오르기도 합니다.

"기소불욕물시어인己所不欲勿施於人"이라는 유명한 말이 ≪논어≫에 나옵니다. "자기가 하고 싶지 않은 일을 남에게 베풀지 말라."는 뜻입니다. 참으로 옳은 말입니다. 이 말을 구두를 잘못

붙이면 "기소불욕己所不欲을 물勿하고 시어인施於人하라."고 읽을 수도 있습니다. "자기가 하고 싶지 않은 일은 하지 말고, 남에게 시켜라."가 되지요. 이처럼 구두가 중요합니다.

재미있는 옛날 송사에 "칠십생남비오자七十生男非吾子"의 해석이 문제가 되었습니다. 상속이 걸려 있기 때문이었습니다. 유언에 써진 글귀라고 합니다. "칠십에 아들을 낳았으니 내 아들이 아니다."라는 뜻으로 볼 수 있습니다. "칠십생남七十生男하니 비오자非吾子로다."라고 읽은 경우입니다. 칠십 된 노인이 젊은 부인을 의심한 말이지요. 요즘은 더러 있을 수 있지만 평균 수명이 40대이던 옛적에는 칠십에 아들 얻기가 어려웠습니다.

그런데 이를 "칠십생남七十生男인들 비오자非吾子랴."로 읽으면 "칠십에 아들을 낳았다 하더라도 내 자식이 아니겠는가?"로 되어 뜻이 반대가 됩니다. 판단은 고을 원님이 했겠지요? 한문의 구두와 토가 이처럼 엉뚱한 결과를 가져옵니다.

經 글 경 경험과 경륜

경륜經綸, 경험經驗, 경전經典, 불경佛經

經은 '원칙', '날실', '다스린다' 등의 뜻이 있습니다. 이 글자는 실 사糸자에 물줄기 경巠자가 합해진 글자입니다. 긴 실의 모습과 지하수의 흐르는 모양이 합하여 세로줄을 이루는 날실을 뜻하게 된 글자입니다. 이 날실에 씨줄이 들어가 짜진 것이 길쌈베입니다. 날실이 바르지 않으면 바른 베가 짜지지 않습니다. 원칙이 서야 모든 질서가 잡히는 것과 같습니다. 그래서 이 經은 어떤 원칙을 뜻하기도 합니다.

이 글자에 륜綸이 보태진 경륜經綸은 일을 조직적으로 잘 다스린다는 뜻입니다. 그래서 우리는 어떤 분야의 일처리를 무리없이 잘 처리하는 사람을 경륜가라 부릅니다. 경經과 륜綸은 두 글자 모두에 실을 뜻하는 부수가 있지요. 이 사糸는 실과 관계있는 글자를 쓸 때 사용하는 부수입니다. 나머지 경巠은 물이 흐르는 모습이고, 륜侖은 책을 가지런히 모아둔 모습입니다. 물이 흐르거나, 책을 가지런히 모아두거나 모두 질서와 순서가 중요합니다.

어떤 일에 능숙한 사람은 그 일의 시작과 중간과 끝을 잘 파악합니다. 거기다가 일의 성격이나 처리방법도 잘 압니다. 마치 엉클어진 실뭉치를 가지고도 실들을 가지런히 정리하듯이 말입니다. 사실 엉클어진 실타래를 정리하기란 여간 어렵지 않습니다. 흰색은 흰색끼리, 검은색은 검은색끼리 구별해야 합니다. 또 가늘고 굵은 종류를 가릴 줄 알아야 합니다. 길고 짧은 것을 변별하여 가지런히 할 줄도 알아야 합니다. 어린이에게 얽힌 실타래를 맡기면 가지런히 하기는커녕 더 헝클어지게 만듭니다. 이는 실을 다루는 경험經驗이 없어서 그렇습니다.

그런데 경험을 갖는다는 것은 쉬운 일이 아닙니다. 전문성을 갖기 위해 오랜 시간이 필요하고, 많은 노력과 반복학습이 필요합니다. 어떤 일에 전문성을 가지려면 한 분야에 적어도 10년 이상의 기간이 필요합니다. 그래서 각 분야의 전문가는 응당한 대우를 받아야 합니다. 어떤 문제가 발생하면 우리는 전문가를 통해 해답을 찾습니다. 어려움이 있어서 전문가를 찾는 것은 그들이 그 방면의 정답을 지녔기 때문입니다.

經은 또한 어떤 원칙을 이르는 것이기도 합니다. 유교에도 경전經典이 있고, 불교에도 불경佛經이 있는 것처럼 經은 대원칙입니다. 실타래가 한 번 꼬이면 바로잡기가 어렵듯이 모든 일에 시작을 잘해야 합니다. 누에고치가 실을 뽑아내듯 고르게, 끊어지지 않게, 자연스럽게 일을 잘 처리해야 합니다. 그것이 經입니다.

生 날생 삶의 지혜로움

생장生長, 인생人生

生자는 풀이 흙[土]에서 자라나는 형상을 본뜬 글자입니다. 풀씨가 땅에 떨어져 움이 트는 데는 상당한 어려움이 있습니다. 씨앗은 옥토에 떨어져야 자라기 좋습니다. 가시밭이나 자갈밭에 떨어지면 고초가 크지요. 또 떨어진 시기가 매우 중요합니다. 따뜻한 봄이라야 싹을 틔우는 것도 있고, 찬 기운 도는 가을이라야 제 몫을 하는 식물도 있지요. 또한 자라는 동안 병충해의 공격을 견딜 수 있어야 합니다. 하나의 식물이 생장生長하는 데도 이러한데 사람이야 더 말할 것이 없습니다.

사람은 태어나서 대체로 80세까지 활동할 수 있다고 합니다. 개인의 차이는 있어도 평균수명이 그에 가깝다는 것이지요. 그런데 80년을 사는 동안의 한살이가 그리 쉽지 않습니다. 참으로 우여곡절이 많습니다. 잘난 사람은 잘난 대로, 못난 사람은 못난 대로, 때로는 욕도 먹고, 실패도 하며 살아갑니다. 전혀 자신의 의지와는 다른 방향으로 흘러가기도 합니다.

나는 生자를 유심히 살펴봅니다. 이 生자는 소 우牛자에 한 일一자가 합해져서 만들어진 글자로 보입니다. 밑에 있는 한 일

一자가 외나무다리가 아닐까 생각합니다. 곧 사람이 산다는 것은 소가 외나무다리를 건너는 모습과 비슷하지 않나 하는 생각이 듭니다. 황무지 자갈밭의 척박한 현실에 처한 소는 애써 외나무다리를 건너야 푸른 들판을 만날 수 있습니다. 그러니 전심을 다해 건너지 않을 수 없습니다.

소는 발이 넷이기 때문에 외나무다리를 건너기에 대단히 부적절합니다. 그래서 조심하며 신중하게 최선을 다해 건너야 합니다. 더구나 소는 체중이 4, 5백㎏이나 되어 외나무다리를 건너기에 위태롭기 짝이 없습니다. 힘이 부칩니다. 그래도 이 소는 푸른 들판에 당도하기 위해 외나무다리를 건너야 합니다.

어떤 소는 다리 중간에서 반대편에서 오는 방해자 때문에 건너지 못하기도 합니다. 어떤 소는 순간적인 실수로 발을 잘못 디디어 그만 다리 아래로 떨어지기도 합니다.

사람도 그렇습니다. 학업 중에 중도탈락하는 경우가 얼마나 많은지요. 천신만고 끝에 건너고 나면 남들이 푸른 들판을 다 망쳐버려 허망한 경우를 만날 수도 있을 것입니다. 마치 우리도 한숨 돌리고 보면, 인생人生의 좋은 시절이 다 지나버린 것처럼 말입니다. 산다는 것이 이런 것입니다.

너무 엉뚱하지요. 살아온 길이 각박하고 힘들었던 분들은 그런 생각을 더러 할 수도 있을 것입니다. 간단한 글자 生자에도 이런 의미를 읽을 수 있는 것이 한자의 매력입니다.

法 법 법 물이 흐르듯

법관法官, 법고창신法古創新

法이란 사회의 질서를 유지하기 위하여 국민 모두가 지키도록 국가가 정한 규칙입니다. 법 이전에 관습이나 예의 등이 있기는 하나 그것들은 강제력이 없습니다. 국가가 정한 法에는 강제력이 있습니다. 그래서 한 국가의 국민이라면 法을 지켜야 합니다.

法자를 보면 물[氵]과 가다[去]가 합하여 만들어졌습니다. 물이 흐르는 대로 행하는 것이 法이 가진 의미임을 나타낸 것이라 할 수 있습니다.

물의 움직임을 보면 참 지혜롭습니다. 아주 작은 틈만 있어도 뚫고 들어가고, 반드시 높은 곳에서 낮은 곳으로 흐릅니다. 절대로 혼자 먼저 가지 않으며 동료와 나란히 흘러갑니다. 가다가 웅덩이나 장애물을 만나면 느긋하게 차기를 기다린 뒤에야 다시 출발합니다. 물은 가면서 스스로 자정自淨 역할도 합니다. 남의 더러운 것을 걸러도 주고, 자신이 지닌 더러움도 스스로 씻으며 흘러갑니다.

놀라운 것은 지극히 작고 연약한 물방울들이 하나로 뭉치면 막강해진다는 것입니다. 그래서 물보다 더 강한 것이 없다고들 합니다. '막강어유莫强於柔'라는 말이 그래서 나왔습니다. 불도 무섭기는 하지만, 타고 나면 재라도 남습니다. 물이 할퀴고 간 자리는 흙도 남아 있지 않은 것을 봅니다. 물은 부드러우면서도 이렇게 강한 속성이 있습니다.

法자는 원래 물 수水자와 해태 치廌자와 갈 거去자가 모여 이루어진 글자[灋]였습니다. 물은 흐르는 특성을 가지고 있습니다. 해태 치廌는 오늘날은 없는 짐승의 이름입니다. 뿔이 하나인 소 같이 생긴 동물입니다. 이 짐승은 옳은 주장을 하는 사람과 그른 주장을 하는 사람이 있을 때, 여지없이 그른 주장을 하는 사람을 뿔로 받아 시비를 밝혀주는 능력이 있다고 합니다. 거去자는 '함께 가다'의 뜻입니다. 이것이 줄어서 오늘의 法자가 되었습니다.

아들 하나를 두고 서로 자기 자식이라 주장하는 두 여인이 있었습니다. 둘 중 어느 한 사람은 거짓말을 하고 있음이 분명합니다. 이를 지혜롭게 판결한 사람이 솔로몬입니다. 오늘날 이 슬기로운 솔로몬의 역할을 법관法官들이 하고 있습니다. 우리 모두 그들이 정직한 해태를 보호하고, 바로 부릴 수 있도록 도와야 합니다. 그것이 우리 모두의 몫입니다.

法에는 '본받다'는 뜻도 있습니다. 법고창신法古創新이 그렇습니다. '옛것을 본받아 새로운 것을 창조한다.'는 뜻이지요.

順 순할 순 냇물이 흐르듯이

순서順序, 화순和順

順은 '순하다', '따르다', '화하다'의 뜻입니다. '따르다'의 뜻이 있어 '순서順序'라는 뜻도 생겼습니다. '화하다'의 뜻이 있어 '편안하다'의 의미도 지니고 있습니다. 이 글자는 내 천川자와 머리 혈頁자가 합해서 만들어진 글자입니다. 냇물이 흐를 때 반드시 높은 곳에서 낮은 곳으로 흐릅니다. 마찬가지로 사람도 흐르는 물과 같이 머리를 숙이고 성현의 도리를 따르는 것이 順의 본뜻입니다. 순서나 화순和順이 모두 이런 높은 이치를 담고 있습니다.

물이 흐를 때 먼저 가려고 다투지 않듯이 順한 사람은 질서를 지킵니다. 참을 줄도 알고 기다릴 줄도 아는 것이 물의 마음이지요. 유수부쟁선流水不爭先도 그래서 나온 말입니다. 흐르는 물은 절대로 혼자만 먼저 가려고 하지 않습니다. 나란히 함께 가지요. 강물의 흐름에서 이를 알 수 있습니다.

자강불식自彊不息도 그런 의미입니다. "스스로 힘쓰며 쉬지 않는다."는 뜻이지요. 물이 그렇습니다. 하루에 열 시간을 일하고 다음날은 한 시간도 일하지 않는 식의 방식은 자강불식이 아닙니다. 오늘도 내일도 언제나 그 수준으로 꾸준히 노력하는 것이 자강불식이고 이것이 물의 성질입니다.

혈頁은 인체의 목에서 윗부분 정수리까지를 말합니다. 이 혈頁은 사람 머리를 상형한 모양입니다. 사람에게 있어 머리만큼 중요한 부분이 없습니다. 모든 생각이 이 머리 모양 속에 있는 두뇌를 통해 작용합니다. 사람의 생각을 형이하학形而下學이니 형이상학形而上學이니 하는 말로 표현하는 것도 이 두뇌의 역할을 강조한 것입니다. 형이하학은 형체가 있는 구체적 대상을 공부하는 학문입니다. 의학이나 식물학이나 공학 같은 것은 형이하학입니다. 반면에 형이상학은 사물의 본질이나 존재의 근본 원리 등을 연구하는 학문입니다. 흔히 인문학이라고 하는 문학, 역사, 철학 등이 형이상학에 해당됩니다. 이런 모두를 아우르는 것이 사람의 목 윗부분의 일입니다.

옛적 부모들은 자녀의 진로를 실용적인 학문, 이를테면 법학, 의학, 공학 쪽으로 가기를 원했습니다. 경제적으로 안정을 바라는 시절이었지요. 철학이나 문학을 하겠다면 굶어 죽는다고 했습니다. 절대로 못하게 말렸지요. 그러나 세상은 고정불변이 아닙니다. 어느 한순간도 변하지 않는 때가 없습니다. 봄인가 했더니 여름이고, 아침인가 했더니 한낮이 되어 있습니다. 밤은 나쁘고 낮만이 좋은 시대는 갔습니다. 밤은 밤대로 낮은 낮대로 좋은 세상입니다. 누가 그 順한 리듬을 타느냐가 문제입니다.

金 쇠 금 변함이 없어라

황금黃金, 금방金榜, 금리金利, 벌금罰金, 금석문金石文,
중구삭금衆口鑠金, 금성옥진金聲玉振, 김장칠엽金張七葉

金은 '쇠', '돈' 등의 뜻으로 쓰입니다. 특히 한국인의 대표적인 성姓의 하나로 음이 '김'으로 읽히기도 합니다. 글자를 자세히 보면 지붕 같은 가리개가 위에 있고, 그 속에 흙 토土가 있으며, 광물을 나타내는 두 개의 점이 땅[一] 위에 있습니다. 그러니까 이 글자는 흙 속에 묻힌 쇠를 상형하고 있는 글자라 할 수 있습니다.

쇠 중에서 가장 귀한 金이 그 대표가 되었습니다. 이 金이 사용된 말은 뭐니뭐니 해도 황금黃金이 으뜸입니다. 신라의 왕관이 황금으로 된 것을 보면 金의 가치가 오래 전부터 알려진 모양입니다. 사실 金은 흰 빛깔의 백금白金이 주된 것인데, 백白이 그만 황黃에게 눌려버렸습니다. 심지어 과거급제자의 방을 붙이는 방도 금방金榜이라 하고 황금빛으로 장식했습니다. 이 경우의 金은 모두 귀한 것, 가치 있는 것의 뜻이 강합니다. 이것이 직접적으로 돈을 지칭하는 말로 금리金利나 벌금罰金 등이 있습니다.

金은 또 '단단하다', '변함이 없다'의 뜻으로, 금석문金石文이나 중구삭금衆口鑠金에 쓰였습니다. 쇠나 돌에 새긴 글이 금석문입니다. 종이나 비석이 쇠나 돌로 되어 있는데 여기 새긴 글이 금석문이지요. 천 년 전의 문장도 금석문을 통해 전해옵니다.

중구삭금은 교훈을 주는 말입니다. ≪삼국유사三國遺事≫의 수로부인 조에 나오는 말입니다. 많은 사람의 입은 단단한 쇠도 녹인다는 말입니다. 여론의 무서움을 일깨운 말입니다. 삭鑠이 '녹이다'라는 뜻입니다. 누가 뭐래도 떳떳하면 탈이 없습니다.

이 金이 금성옥진金聲玉振처럼 음악에도 사용됩니다. 소위 팔음八音에 金이 들어 있습니다. 연주가 시작될 때 금성金聲으로 하고, 연주를 마칠 때는 옥玉 소리로 마무리 짓습니다. 이것이 금성옥진입니다.

이 글자는 사람의 성으로도 사용되었습니다. 김장金張 고사가 있지요. 중국 한나라 때 살았던 김일제金日磾와 장안세張安世가 김장 고사의 주인공입니다. 김일제는 흉노족의 왕자로 한나라 무제 밑에 벼슬을 하면서 수십 년 동안 단 한 차례의 과실도 없었다고 합니다. 드디어 왕의 신망을 얻게 되었습니다. 장안세는 기억력이 뛰어났습니다. 왕이 묻는 전고에 대하여 정확하게 대답하여 신임을 얻었습니다. 이 두 사람의 7대손까지 왕의 신임을 받았다 하여 김장칠엽金張七葉이라는 말이 생겼습니다. 칠엽七葉은 나뭇잎이 일곱 번 새로 난 것을 말합니다.

英 꽃부리 영 영웅과 영재

영웅英雄, 영재英才

英은 '꽃부리'라는 뜻입니다. '꽃답다', '아름답다'가 모두 이 뜻입니다. 풀 초艹와 가운데 앙央자가 합한 글자가 英입니다. 싹이 움틀 때의 풀이 얼마나 아름다운지, 그리고 그 속 가장 중앙에서 봉오리져 피는 꽃이 얼마나 고운지는 우리 모두가 아는 일입니다. 이런 초목 가운데 가장 아름다운 꽃의 중심을 뜻하는 글자가 英입니다. 英은 '아름답고 뛰어나다'를 뜻하는 글자입니다. 영웅英雄, 영재英才 등에 씁니다.

영웅은 뛰어난 인물입니다. 온달溫達, 처용處容, 창해역사滄海力士, 검도령 등이 고구려, 신라, 백제의 참 영웅이라고 주장하는 분도 있었습니다. 창해역사는 아직 잘 밝혀지지 않은 인물이지만, 온달과 처용은 우리와 친숙한 인물입니다. ≪삼국사기三國史記≫에 전하는 온달의 아름다운 이야기는 사람을 외모로만 평가할 수 없음을 알려주고 있습니다. ≪삼국유사三國遺事≫에 나오는 처용도 그러합니다. 동해용의 아들이라고 하지만 동해바다로부터 신라로 귀화한 인물이지요.

그리고 고려 · 조선시대를 지나면서 많은 영웅적 인물들이 있었습니다. 소설에도 영웅소설이 있어 홍길동 같은 인물이 널리 알려져 있습니다. 나라가 어지러울 때 등장하여 한 시대를 평정하는 호쾌한 인물이 영웅이지요. 독단이나 힘만이 아닌 공감과 협조로 이루는 것이 영웅들의 특징입니다.

영재도 뛰어난 재능이나 지능을 가진 사람입니다. 널리 사용되는 영재는 ≪맹자≫에 나오는 이야기입니다. 맹자는 "천하의 영재를 가르치는 것이 인생살이의 세 가지 즐거움 중의 하나다."라고 하였습니다. "부모가 구존俱存하고 형제가 무고無故한 것이 그 첫째 즐거움이고, 하늘을 쳐다보고 땅을 내리보아도 아무런 부끄러움이 없는 것이 두 번째의 즐거움이고, 천하 영재를 모아 이들을 교육하는 것이 세 번째 즐거움이다." 했습니다. 이것이 ≪맹자≫의 유명한 군자삼락君子三樂입니다.

영재를 모아 교육시키는 일은 참으로 즐거운 일입니다. 그 영재들이 자라서 사회를 밝히고 국가를 발전시켜 줄 것입니다. 이 영재들은 자신이 애써 강조한 소신도 실현시켜 줄 것입니다. 이런 소망은 모든 교육자들의 바람입니다. 그러나 영재의 만남도 상대에게 있는 것이지 자신이 멋대로 할 수 있는 일이 아닙니다. 삼락 중에 오직 두 번째만이 자기 수양으로 이룰 수 있는 것입니다.

군자삼락 속에는 권력을 잡아 휘두르거나 졸부가 되어 호사의 극치를 누리는 일은 들어 있지 않습니다.

所 바 소 지혜로운 사람이 사는 곳

장소場所, 소위所謂

所는 '장소場所', '~바'의 뜻으로 쓰이는 글자입니다. 글자의 자형이 호戶자와 근斤자가 합해 만들어졌습니다. 호戶는 대문이 한쪽만 있는 문인데, 여기에 농기구, 도끼 등을 걸어두었기 때문에 '장소'라는 뜻이 생겼습니다. '~바'로 쓰이는 경우는 뜻이 없는 허사虛辭입니다. 한문에는 이렇게 뜻이 없는 허사가 있고, 의미가 분명한 실사實辭가 있습니다.

집안이 잘 정돈되고 가구가 제자리에 놓이고, 있을 곳에 그 물건이 자리하고 있는 집은 반듯한 주인이 사는 집입니다.

≪논어≫에 "지혜로운 사람은 아무 마을에나 살지 않는다."고 했습니다. 인문학을 하다 보면 답사를 많이 하게 됩니다. 그때마다 느끼는 것은 고을의 최고 길지吉地에는 향교 또는 서원이 있거나 불교의 고찰이 있었습니다. 양택만이 아니라 음택으로도 왕릉이나 사대부들의 묘역은 아마추어가 보아도 좋은 곳임을 읽어낼 수 있습니다. 소위所謂 좌청룡 우백호가 감싸는 듯한 곳들입니다.

조선후기 실학자 이중환李重煥의 ≪택리지擇里志≫에도 터에 대한 견해가 잘 나타나 있습니다. "대저 살터를 잡고 사는 곳은 첫째, 환경적으로 온화한 지리地理가 좋아야 하고, 다음으로 먹고 살기에 부족함이 없는 생리生利가 좋아야 하며, 또 다음으로 인심人心이 좋아야 하고, 마지막으로 아름다운 산과 물[山水]이 있어야 한다. 이 네 가지에서 하나라도 모자라면 살기 좋은 땅이 아니다."라고 했습니다. 농경 위주의 생활에서는 이 네 가지가 긴요한 조건임에 틀림없습니다.

거기다가 특별히 별서別墅라도 가지려면 몇 가지 조건이 맞아야 한다고 했습니다. "거리는 십 리 바깥이라야 하고, 시간으로 반나절 정도 걸리는 곳이라야 한다."고 했습니다. 또 "경치가 아름다운 산수가 있어야 하고, 생각이 날 때마다 부담 없이 가서 머리도 식히고 시름도 풀 수 있어야 하며, 하루쯤 유숙해도 좋은 곳이라야 된다."고 했습니다. 상주하는 주택이나 별서나 사는 조건에는 큰 차이가 없어 보입니다.

이런 기록들을 보면 우리가 사는 곳도 오늘의 현실에 맞게 한번쯤 돌아볼 여유를 가짐이 좋을 듯합니다. 所의 의미에 이런 요소도 있습니다.

4장 밝고 고운 마음

紅 붉을 홍 붉은 꽃망울처럼

홍일점紅一點, 유록화홍柳綠花紅

홍일점紅一點의 紅은 '붉다'는 뜻으로 쓰이는 글자입니다. 실 사糸자에 장인 공工자가 합해진 글자입니다. 장인이 실에 붉은 물감을 들입니다. 그래서 '붉다'가 나왔습니다.

어린 초록가지 끝에 붉은 한 점 嫩綠枝頭紅一點
설레는 봄빛은 많다고만 좋은 것은 아닐세 動人春色不須多

봄에 흔히 볼 수 있는 장면입니다. 동백, 매화, 살구, 복숭아 어느 것이든 상관이 없지요. 꽃이 먼저 피는 나뭇가지의 끝에 붉게 터져 나오는 눈이 있습니다. 긴 나뭇가지 끝에 유독 홀로 붉게 싹트는 망울. 자연의 신비라고밖에 할 수 없는 거기에 홍일점이 움틉니다.

중국 송宋나라 휘종황제徽宗皇帝는 시를 좋아하고 그림을 좋아했습니다. 그는 궁중에 많은 궁녀와 화공畫工들을 거느리고 있었습니다. 어느 날 그는 화공들에게 진선陳善이라는 시인이 쓴 위의 시구詩句를 화제畫題로 하여 그림을 그리게 했습니다.

당대의 대가들인 화공들은 앞다퉈 그림을 그려 바쳤습니다. 장원으로 뽑힌 화공은 후한 상금은 물론 명예도 한층 높아졌습니다. 대부분의 화공들이 늘어진 가지 끝에 맺힌 붉은 꽃망울 하나씩을 그렸습니다. 그러나 모두 입선하지 못했습니다. 어떤 화공은 푸른 산과 굽이친 강이 화면 가득한 중에 산허리를 감도는 학 한 마리를 그렸습니다. 그리고는 그 학의 정수리에 붉은 점 하나를 맵시 있게 찍었습니다.

그런데 정작 1등으로 입선한 작품은 화면 어디에도 붉은색을 쓰지 않았습니다. 다만 수양버들 늘어진 건너편 언덕이 배경이었습니다. 그 은은한 곳에 아스라이 정자가 있고, 그 정자 난간에 한 소녀가 수줍은 듯 서 있는 모습을 그렸을 뿐이었습니다. 여성을 더러 紅으로 표현했기에 가능한 일이었습니다. 붉은 꽃은 보이지 않지만 버들 푸르고 꽃 붉은 유록화홍柳綠花紅의 풍경이 저절로 떠오르는 그림입니다.

그 紅이 꼭 많을 필요는 없습니다. 홍일점도 그래서 나온 말입니다.

花 꽃 화 고운 꽃망울

도화桃花, 매화梅花

花는 '꽃'이라는 뜻입니다. 풀 초艹와 될 화化자가 합하여 이루어진 글자입니다. 풀의 갓 돋아나는 새싹과 같은 고운 눈이 봉오리가 되고, 이것이 자라 변화[化]되어 꽃이 되는 것입니다.

세상에는 아름다운 것이 많긴 하지만 꽃처럼 아름다운 것은 많지 않습니다. 초봄에 피는 벚꽃, 길 따라 핀 개나리 모두 아름답습니다. 그러다가 어느 날 보면 아카시아가 향긋한 향과 함께 피어나고, 뒤를 이어 밤나무꽃이 은은한 모습으로 수를 놓습니다. 봄을 지나면서 느끼는 것이 그중에서도 아름다운 꽃은 복숭아꽃인가 합니다.

복숭아꽃을 도화桃花라 합니다. 복숭아꽃은 잎보다 꽃이 먼저 피기 때문에 매화梅花 · 살구꽃 · 배꽃과 더불어 아름다움이 한결 더합니다. 모든 꽃의 빛깔이 아름답지만 그중에서도 복숭아꽃 빛깔이 으뜸으로 꼽힙니다. 그래서인지 ≪시경詩經≫에도 복숭아꽃의 아름다움을 특별히 노래하고 있습니다.

복숭아나무의 어리고 예쁨이여　　桃之夭夭

활짝 핀 꽃이로다 灼灼其華
아가씨의 시집감이여 之子于歸
그 집안을 화순하게 하리로다 宜其室家

복숭아꽃의 아름다움과 앳된 새색시를 대비하고 있습니다. ≪시경≫ 〈주남周南〉에 나오는 노래입니다. 이 복숭아꽃의 아름다움에 취한 나머지, 주제를 망각하고 핑크빛과 소녀와 대비하여 도색桃色이라는 말까지 만들게 되었습니다. 어쨌거나 복숭아꽃과 아가씨는 이렇게 비교되면서 관련지어졌습니다.

그러나 이 시를 지은 사람은 외면적 아름다움만 강조한 것이 아닙니다. 시인이 강조한 것은 복숭아꽃처럼 아름다운 아가씨가 시집가서 그 시댁 식구들과 잘 어울리며 집안의 대소사를 잘 처리하며 화락해하는 뜻도 담고 있습니다.

가문에 들어오는 며느리가 중요합니다. "여자가 잘 들어와야 집안이 흥한다."는 것도 빈말이 아닙니다. 남들에게 화락해 보이는 가정을 보면 시댁 식구들과 지혜롭게 조화하며 스스로를 잘 관리하는 안주인이 반드시 있음을 발견할 수 있습니다. 이 뜻이 그만 여색女色으로, 도색桃色으로 치우쳐버렸습니다.

복숭아꽃의 유래야 어떻든 사람이 혹할 아름다움을 지닌 것은 부인할 수 없습니다. 꽃[花]은 어느 걸 봐도 좋습니다.

明 밝을 명 밝은 마음을 지녀라

현명賢明, 선견지명先見之明

明은 '밝다'의 뜻입니다. 해를 뜻하는 일日자와 달을 뜻하는 월月자가 합해 이루어졌지요. 해와 달이 합해졌으니 밝은 것은 당연합니다. 그런데 明은 창이라는 뜻의 창囧자에 월月자가 더해진 모양(朙)이라는 설도 있습니다. 달빛이 창문으로 비치어 '밝다'가 원래의 뜻이라고 합니다.

이 글자는 사물의 밝기만이 아니라 마음의 밝음을 나타내기도 합니다. 머릿속의 깨달음도 이 明을 쓰지요. 특히 부인들의 현명賢明함에 자주 쓰입니다. 부인이 어질고 지혜로우면 가정을 살리고, 반대로 미련하면 집안을 망친다고 합니다.

아들이 졸병으로 군대에 갔습니다. 엉덩이에 종기가 생겨 부어올랐습니다. 고통이 심했습니다. 약이 없던 시절이라 치료방법이 없었습니다. 뜻밖에 직속상관인 부대장이 찾아왔습니다. 졸병인 아들은 감읍할 수밖에 없었습니다. 더구나 장군은 아들의 종기를 입으로 빨아 낫게 해주었습니다. 이 소문이 고향의 어머니에게 전해졌습니다. 많은 아낙들이 아들의 행운을 축하했습니다. 정작 이 소문을 들은 어머니는 대성통곡을 했습니다. 다음날 벌어진 전투에서 아들은 조금도 물러나지 않았습니다. 결국 아들은 전사하고 말았습니다. 어머니는 이를 미리 안 것입니다. 지혜로운 여인입니다. 중국의 전국시대 이야기입니다.

조선 성종成宗 때 허종許琮이라는 재상이 있었습니다. 당시는 윤씨尹氏 부인의 폐비가 한창 논의되던 시점입니다. 윤씨 부인은 바로 연산군燕山君의 생모입니다. 이 사건으로 어전회의가 열렸습니다. 허종이 회의에 가려다가, 무거운 마음으로 누이 집을 방문했습니다. 누이는 뒷일을 어쩌려고 그 회의에 가느냐고 했습니다. 이 말을 듣고 나오던 허종은 그만 말에서 떨어졌습니다. 이 다리가 종침교琮沈橋입니다. 허종이 빠진 다리라는 뜻입니다. 지금도 광화문 정부종합청사 뒤편에 있습니다. 허종은 뒷날 무사할 수 있었습니다. 누이의 선견지명先見之明 덕분이었습니다.

이세좌李世佐 부인도 현명하다고 소문난 분입니다. 드디어 윤씨 부인이 폐비되고, 또 사약까지 받게 되었습니다. 이날의 사약賜藥 담당이 유순柳洵인데, 이세좌가 이 일을 대신하게 되었습니다. 어려운 사약 임무를 마치자 임금의 특별 하사주가 있었습니다. 거나해서 퇴근을 했습니다. 부인에게 그날 일을 말하고 특별 하사금과 앞으로 크게 중용될 것임을 자랑했습니다. 이 말을 들은 그 부인이 땅을 치며 대성통곡을 하더랍니다. 이제 우리 집안은 망했다면서 말입니다. 그로부터 18년 뒤 연산군이 등극하자, 그 일로 이세좌 부자가 능지처참陵遲處斬을 당했습니다.

賢 어질 현 어진 마음을 지녀라

현자賢者, 현인賢人, 현모양처賢母良妻

賢은 '어질다'의 뜻입니다. 신臣자와 우又자, 그리고 패貝자가 모여 된 글자입니다. 신하가 손으로 돈을 움켜쥐는 모양의 글자입니다. 賢에서 조개 패貝의 윗부분을 손으로 단단히 쥔다는 뜻입니다. 賢자에는 덕스러운 마음을 잘 간직한다는 뜻도 있습니다. 그런 사람을 현자賢者라 하고, 현인賢人이라 합니다.

새댁이 처음으로 밥을 지었습니다. 시아버지가 첫 순갈을 떴는데 그만 돌을 우지직 씹었습니다. 며느리가 민망하여 고개를 들지 못했습니다. 순간 시아버지가 천천히 말하기를 "밥이 뜸이 덜 들었네."라고 했습니다. 온가족이 웃음꽃을 피웠습니다.

"집안이 가난하면 어진 아내를 생각하고, 나라가 혼란하면 어진 재상을 생각한다."는 말이 있습니다. 가정이나 국가나 어진 사람이 필요함은 매일반이지요.

조선후기였습니다. 홍 대감댁洪大監宅이 있었습니다. 홍 대감의 부인이 현모양처賢母良妻로 이름난 분이었습니다. 하인下人이 심부름으로 푸줏간에서 쇠고기를 사왔습니다. 온 가족이 이 고기를 먹고 탈이 나버렸습니다. 상한 고기로 인한 식중독食中

毒에 걸린 것입니다. 집안이 온통 신음소리로 가득했습니다. 고기 사온 하인은 벌벌 떨 수밖에 없었습니다.

드디어 홍 대감 부인이 그 하인을 불렀습니다. 올 것이 온 것입니다. 마님이 하인에게 이르기를 얼른 푸줏간에 가서 고기를 몽땅 사오라는 분부를 내렸습니다. 하인은 영문도 모르고 시키는 대로 떨면서 모두 사왔습니다. 얼른 뒤뜰에 구덩이를 파고 묻으라는 것입니다. 이 무슨 일인가요? 시키는 대로 할 수밖에 없었지요. 알고 보니 그 고기를 남이 사가서 또 식중독을 일으킬까 염려한 마님의 배려였습니다. 하인은 전혀 야단맞지 않았습니다. 어진 마님입니다.

황희黃喜 정승政丞도 어진 재상으로 이름이 높습니다. 모든 이의 불평을 다 들어준 분입니다. 하루는 부리는 종들 사이에 다툼이 생겼습니다. 한 종이 정승에게 보고했습니다. 이러이러해서 다투었는데 저 편이 잘못이라고 했습니다. 다 들은 정승은 "자네 말이 옳다."고 했습니다. 조금 있다가 상대편 종이 또 찾아와 해명했습니다. 다 들은 황희 정승이 이번에도 "자네 말이 옳다."고 편들어주었습니다.

이를 옆에서 지켜본 신하가 두 사람에게 다 옳다 했으니 잘못된 일이라고 직언直言을 했습니다. 이 말을 들은 황희 정승이 "자네 말도 옳다."고 하는 것입니다. 그러면서도 가장 합리적으로 일을 매듭짓곤 했다고 합니다.

感 느낄 감 느끼고 감동하고

감동感動, 감명感銘

感은 '느끼다'의 뜻입니다. 함咸자와 심心자가 합한 글자입니다. 함咸은 '모두'라는 뜻이 있지요. 모두 한마음으로 일치하면 감동感動이 오고 느낌이 일어납니다. 가령 궐기대회 같은 것도 한마음으로 하면 새로운 힘과 용기를 주지요. 함咸자를 다시 보면 '때려부수다'의 술戌에 입 구口가 들어 있습니다. 구口는 고함이나 함성입니다. 다 부술 듯이 한꺼번에 고함을 지르면 마음을 움직여 감동시킬 수 있습니다. 간절히 드리는 기도도 그런 것입니다. 감동이 없는 삶은 메마른 것입니다.

마중물이라는 말이 있습니다. 수돗물이 없던 시절에 우리는 지하수를 먹었습니다. 펌프를 처음 작동하면 물이 쉬 올라오지 않습니다. 이때 한 바가지의 물을 펌프에 부어주고 작동시키면 신기하게도 물이 나오기 시작합니다. 물이 나오게 하는 한 바가지의 물을 마중물이라고 합니다. 그러면 이 한 바가지가 한 통, 한 드럼의 물도 나오게 합니다.

마중물은 자기를 버려 남을 살리는 역할을 합니다. 성모聖母 마리아도 자신을 버려 예수를 잉태한 분입니다. 동정녀童貞女의 몸으로 예수를 잉태하고 얼마나 많은 번민을 했겠는지요. 그 번민과 희생이 예수를 태어나게 하고 그 예수는 인류를 구속救贖시켰습니다. 구속은 죄에서 구원했다는 말입니다.

주기용朱基瑢 교장님이 계셨습니다. 그는 남강南岡 이승훈李昇薰 선생의 사위이며, 국회의원도 지내신 분입니다. 그가 오산학교五山學校 교장으로 계실 때 이야기입니다. 오산학교는 남강 선생이 1907년에 세운 명문名門 사학私學입니다. 그는 새벽 4시면 학교를 돌며 휴지를 줍고 화장실化粧室을 돌보셨습니다. 이를 학교 도서실에서 공부하던 학생이 목격하고 감동을 받았습니다. 입에서 입으로 전해지고, 학생들의 산 공부가 되었습니다. 아무도 없는 새벽에 매일 그렇게 하기가 어렵지요.

가난한 학생이 초등학교를 졸업하고 진학을 못했습니다. 그는 향학심向學心에 불타는 심정을 절실하게 편지로 썼습니다. 그리고 봉투에 '하나님 전 상서'라고 쓰고 우체통에 넣었습니다. 이 편지를 고아원 원장님이 받고, 이 학생을 공부시켰습니다. 그분은 유명한 대학 총장님이 되었습니다.

모두 50년대 말의 깊은 감명感銘을 주는 이야기입니다. 感은 마음을 움직여 느끼게 하는 뜻의 글자입니다.

動 움직일 동 마음을 움직여라

동작動作, 동원動員, 감동感動, 동심動心, 동물動物

動은 '움직이다', '동물' 등의 뜻으로 쓰이는 한자입니다. 글자의 구조는 무거울 중重자에 힘 력力자가 합한 형태로 이루어졌습니다. 무거운 물건을 힘들여 옮긴다는 의미가 담겨 있습니다. 이것이 動이 지닌 뜻입니다.

옮기는 것은 '육체적인 힘으로 물건을 움직인다.'는 뜻도 있고, 또 '정신적인 감화로 마음을 변화시킨다.'는 뜻도 있습니다. 동작動作이나 동원動員은 육체적인 힘으로 사물을 움직이는 뜻의 動이고, 감동感動이나 동심動心의 動은 감화로 마음을 움직이는 뜻의 動입니다. 또 자유롭게 움직이며, 생명을 가진 생물이라는 뜻의 動은 동물動物이라는 뜻입니다.

육신의 힘을 사용하여 움직이는 것보다 마음을 움직여 일어나는 動이 더욱 마음에 다가옵니다. 그럼에도 고도의 기술을 지닌 스포츠의 힘은 우리를 감화시킵니다.

비보이들의 한국적인 현란한 춤의 세계는 우리를 흥분시키며, 한 발 한 발에 승부를 가르는 한국 양궁선수들의 신기神技에 우리 모두는 열광합니다. 이는 누가 뭐래도 힘을 사용하는 움직임임에 틀림없습니다.

미국의 대통령이었던 링컨의 전기傳記를 읽으면서 우리는 마음의 흥분을 경험합니다. 그가 가졌던 직업을 보면 농부(가난으로 초등학교를 9개월밖에 다니지 못함), 뱃사공, 막노동꾼, 점원(잡화점 경영하다 실패하여 빚을 갚는 데 17년이 걸림), 군인, 우체부, 측량사, 변호사, 주의원(낙선 경험), 하원의원(공천 탈락), 대통령(부통령 낙선)입니다. 참으로 지나온 과정이 파란만장하지요. 이런 역경을 뚫고 그는 미국의 대통령이 되었습니다. 참으로 마음의 감동이 일어납니다. 가까운 주변에도 역경을 뚫고 살아가는 사람이 많이 있습니다. 옛날에만 이런 일이 있는 것이 아닙니다. 우리 대통령들은 어떻습니까?

모르는 것을 배워서 아는 것이 지식知識입니다. 법이나 의술 등이 그렇습니다. 감동은 지식과는 다릅니다. 알고 있는 것을 느끼어 한 차원 높은 마음을 갖게 하는 것이 감동입니다. 문학작품이나, 교회의 설교가 그렇습니다. 모든 문학작품의 주제는 비슷합니다. 그러나 각각 전해주는 내용이 우리를 깨우쳐줍니다. 설교도 그렇습니다. 감동이 없는 문학작품이나 설교는 사람을 움직일 수 없습니다. 動은 우리를 움직이는 힘이라 할 수 있습니다.

歌 노래 가 노래와 춤도 있어야

시가詩歌, 장한가長恨歌

歌는 '노래', 또는 '장단 맞춰 노래하다'의 뜻입니다. 歌는 '노래하다'는 뜻인 가哥자에 하품 흠欠자가 합해진 글자입니다. 하품을 하려면 입을 크게 벌려야 하듯이 입을 크게 벌려 소리를 내는 것이 노래입니다. 이 歌는 악사가 딸려 반주가 있는 경우를 말합니다.

또 歌는 중국에서 발생한 시가詩歌 장르의 하나이기도 합니다. 널리 알려진 〈장한가長恨歌〉도 歌의 형태입니다. 〈장한가〉는 당唐나라 현종玄宗과 양귀비楊貴妃의 애절한 사랑 노래입니다. 57세의 절대 권력가 당 현종과 22세의 요염한 양귀비는 두 사람 모두 춤과 음률에 능통하였고, 더할 수 없는 향락을 누리며 화려한 사랑 놀음을 즐겼습니다. 화청지華淸池를 배경으로 한 온천욕은 양귀비의 육신을 더욱 아름답게 만들었고, 부채 바람도 가누지 못하는 그의 교태는 황제의 사랑을 독차지하기에 부족함이 없었습니다.

그런 주인공 양귀비가 서양의 클레오파트라와 비견되는 것은 무리가 없어 보입니다. 더구나 아직도 화청지 유적지를 찾는 여행객들로 하여금 짙은 향수를 지니게 하기에 충분했습니다. 사람은 없어도 온천수는 지금도 흐르고 있고, 복원되는 궁의 모습도 옛 모습을 보여주기에 충분했습니다.

중국의 한시는 당시唐詩를 으뜸으로 칩니다. 〈장한가〉 역시 당나라 때의 걸작입니다. 이 시기에 중국 역사상 가장 위대한 시인들이 있었지요. 그들이 바로 이백李白, 두보杜甫, 한유韓愈, 백거이白居易입니다. 그중에 백거이가 〈장한가〉를 지었습니다. 인생사의 가장 한스러움 중에 하나가 이 애틋한 부부의 연을 못다 푼 것이라는 장한長恨의 뜻을 제목으로 삼은 것입니다.

백거이는 이 노래를 지을 때 섬서성陜西省의 현위縣尉로 있었습니다. 807년의 일입니다. 선유사仙遊寺라는 절에 유람을 갔다가 진홍陳鴻, 왕질보王質夫라는 청년들을 만나 담소 중에 그들로부터 양귀비의 비극적인 러브스토리를 전해 듣고 크게 감동받아 단숨에 지었다고 합니다.

양귀비는 미색만 뛰어난 것이 아니라, 노래와 춤이 가히 일품이고 비파와 음률에 능통하며 여인으로서의 기지와 총명이 뛰어났고, 현종도 당나라 역사 속에 가장 뛰어난 통치자이자 지략가였고 음악에 정통한 임금이었습니다. 이런 호걸들도 영화榮華가 다하자 비참한 마외진馬嵬鎭의 비극이 찾아왔지요. 이임보李林甫, 안녹산安祿山, 양국충楊國忠, 양귀비의 문란, 현종의 노쇠 등이 그렇게 만들었습니다. 역사는 그런 것입니다.

女 여자 녀 아름다운 여인들

여인女人, 여성女性, 여왕女王

女는 '계집', '딸' 등으로 쓰는 글자입니다. 여인女人의 모습을 상형한 글자가 女입니다. 여성女性의 지위가 낮았던 옛날에 다소곳이 꿇어앉은 여인의 모습[]에서 이 글자를 따왔습니다. 두 손도 공손히 무릎에 내리고 눈도 아래쪽으로 깔고 수줍음을 띤 모습을 상형한 것입니다. 그래서 여성은 약하고 보호해줘야 할 상대로 생각해왔습니다.

사실 우리 여인의 모습을 보면 참으로 아름답고 고운 자태들이었습니다. 신라의 선덕여왕이 그렇고, 우리 시가의 모태母胎인 향가鄕歌에 나타나는 여인들이 모두 그러합니다. 선덕여왕의 지혜로움은 널리 알려졌습니다(117쪽의 '前'자 참조).

또 당시의 김유신金庾信 누이 문희文姬의 재치도 기억할 만합니다. 언니 보희寶姬가 꿈속에 오줌을 쌌는데 경주 시내가 잠겼습니다. 이 말을 들은 동생 문희가 언니에게 그 꿈을 샀습니다. 그로 인해 김춘추金春秋와 인연이 되어 왕비가 되었다고 ≪삼국유사≫에 전해옵니다. 지혜로운 여인들입니다.

온달溫達의 부인 평강공주平岡公主, 서동薯童의 부인 선화공주

善花公主, 〈헌화가獻花歌〉의 주인공 수로부인水路夫人 모두가 우리들의 구원의 여인상들입니다.

평강공주와 선화공주는 평민의 남편을 도와 크게 출세시킨 주인공입니다. 바보 온달이라 불리던 순박한 청년의 비범함을 개발하여 최고의 장군으로 만들어 나라에 공을 세우게 한 것이 평강공주입니다. 백제 지방의 변두리에서 마를 캐서 생업을 잇던 서동을 남편으로 맞아 백제 무왕武王이 되도록 내조한 선화공주의 이야기도 아름답습니다. 모두가 아름다운 일화를 우리에게 남긴 여인들입니다.

아름다운 미모로 이름 높은 수로부인도 없어서는 안 될 분이지요. 동해용이 탐하고 신선인 노인이 꽃을 꺾어 바친 수로부인의 모습에서 우리는 한국인의 멋을 느낍니다. 女는 아름다운 여성을 상형한 글자입니다.

豆 콩 두 콩깍지로 콩을 삶다

자두연두기煮豆燃豆萁, 두재부중읍豆在釜中泣

豆는 콩을 뜻하는 글자입니다. 豆는 원래 제사지낼 때 제물을 담는 그릇을 상형[豆]한 것입니다. 제물 중에서 젖은 음식을 담는 것이 이 豆라는 제기입니다. 글자 위의 가로지른 일一자는 담아놓은 제물을 가리키고, 아랫부분은 그릇의 모양입니다. 마치 큰 접시 밑에 다리가 달린 그릇 모양입니다. 이 제기 모양이 뒤에 콩이라는 뜻으로 가차假借되었습니다. 그 결과 오늘날은 주로 콩을 뜻하는 글자로 사용하고 있습니다.

이 콩과 관련된 유명한 시가 있습니다. 그것이 바로 조식曹植의 〈칠보시七步詩〉입니다. 일곱 걸음을 걷는 동안에 지은 시라는 뜻입니다. 이렇게 어려운 것을 일곱 걸음을 걸을 동안 지으라고 하니, 지나친 요구가 아닐 수 없습니다. 만일 짓지 못하면 큰 벌을 내리겠다는 것입니다. 이것이 〈칠보시〉가 지어진 배경입니다. 이런 상황에 지은 시임에도 만고의 걸작이 되었습니다.

삼국시대 위나라 왕 조조曹操에게는 큰 아들 조비曹丕와 셋째 아들 조식이 있었습니다. 타고난 재주를 지닌 조식은 조조의 사랑을 크게 받았습니다. 이것이 형인 조비의 미움을 사게 된 원인입니다.

조비가 뒤에 위나라의 문제文帝가 되었습니다. 이 문제가 등극한 후 아우 조식을 무척 괴롭혔습니다. 〈칠보시〉도 그런 예의 하나입니다. 왕이 된 조비가 아우 조식에게 명령을 내렸습니다. 만일 일곱 걸음을 걸을 동안 시를 짓지 못하면 법으로 다스리겠다는 것입니다.

명을 받은 조식이 그 자리에서 바로 시를 지어 바치니, 형의 얼굴에 부끄러움이 가득했다고 전합니다.

콩을 삶는 데 콩깍지로 불 지피니 煮豆燃豆萁
콩이 솥 안에서 울고 있구나 豆在釜中泣
본디 같은 뿌리에서 생겼는데 本是同根生
다그쳐 삶음이 어찌 그리 심한가 相煎何太急

형이나 아우나 같은 부모의 혈육을 받은 자식입니다. 한 사람은 왕이 되고 한 사람은 왕의 내침을 당하는 처지가 되었습니다. 이를 콩깍지로 불을 피워 콩을 삶는 모습으로 형상화했으니 그 담긴 뜻이 과연 절묘합니다.

兄 맏 형 형과 아우처럼

형우제공兄友弟恭, 형제兄弟, 난형난제難兄難弟, 형제투금兄弟投金

兄은 '맏이'라는 뜻입니다. 입 구口자에 사람 인儿이 합해진 글자입니다. 타이르고[口] 이끌어주는 사람[儿]이 兄입니다. 어려서 兄이 있는 사람은 항상 든든했지요. 형우제공兄友弟恭이라 하여 兄은 우애롭고 아우는 공손히 따른다는 말입니다.

안항雁行도 형제兄弟라는 뜻입니다. 기러기가 줄을 지어 날아가는 모습이 안항입니다. 기러기들은 항상 사이좋게 나란히 날아갑니다.

이렇게 자란 형제이지만 우열優劣도 있게 마련입니다. 그래서 나온 말이 난형난제難兄難弟입니다. "兄이라고 하기도 어렵고 동생이라 하기도 어렵다."는 말입니다. 이 말은 둘의 차이가 엇비슷해서 우열을 가르기가 곤란할 때 씁니다.

이 말은 ≪세설신어世說新語≫에 나오는 이야기입니다. 이는 후한後漢 말에서부터 동진東晉 때까지의 명사名士들의 일화를 모아놓은 책입니다. 당시에 진원방陳元方과 진계방陳季方이라는 형제가 있었습니다. 둘 다 뛰어난 재주를 가진 분들이었습니다. 어느 날 진원방의 아들 장문長文과 진계방의 아들 효선孝先이 그들 아버지에 대한 공功을 말하다가, 서로 자기 아버지가 낫다는 주장을 하게 되었습니다. 둘은 결정을 낼 수가 없었습니다. 그래서 할아버지인 진태구陳太丘에게 묻기로 했습니다.

할아버지도 당시의 이름난 학자로, 이름이 식寔입니다. 질문을 받은 할아버지는 난처하였습니다. 손자들에게 둘 중 누가 낫다고 하기가 어려웠습니다. 드디어 한 말이 "원방을 兄이라고 하기도 어렵고, 계방이 동생이라고 하기도 어렵다."는 유명한 말을 했습니다. "원방元方도 난위형難爲兄이요, 계방季方도 난위제難爲弟라."가 그것입니다. '난위형난위제難爲兄難爲弟'에서 난형난제難兄難弟가 나왔습니다. 과연 할아버지다운 명대답이었습니다. 뒷날 어느 한쪽을 앞세우기 어려울 때 흔히 쓰는 말입니다.

형제투금兄弟投金도 兄과 아우의 얘기입니다. 우리나라 이야기입니다. 길을 가다가 아우가 금덩이 둘을 주웠습니다. 그중 하나를 兄에게 주었지요. 그랬더니 아우의 마음에 아까운 생각이 났습니다. 조금 있다가 아우는 자기가 가졌던 금덩이를 그만 강물에 던져버리는 것이었습니다. 금덩이 때문에 兄에 대한 시기심이 싹텄다는 것입니다. 이 금덩이가 그렇게 만들었다고 생각하게 되었습니다. 금덩이가 형제의 우애를 깨는 좋지 못한 물건이라고 생각한 것입니다. 兄도 따라 던져버렸습니다.

九 아홉 구 다 함께 사는 비결

구질九秩, 구세동거九世同居, 구우일모九牛一毛

九는 아홉을 가리키는 수를 말합니다. 이 글자는 又에다가 팔뚝 모양을 더한 것[⺄]이라는 설이 있는데, 그보다는 十의 가로 획을 굽혀 한 획이 부족함을 표시했다고 하는 것이 더 좋을 듯 합니다. 그래서 九의 모양이 나온 것입니다. 이 아홉은 수數 중에서 큰 수에 해당되므로 '많다'는 뜻도 얻게 되었습니다.

나이 90을 구질九秩이라고 하는데, 이때 쓰인 질秩에 10년이란 뜻이 있습니다. 그래서 90세를 구질이라 합니다. 예전에는 90세까지 장수하기가 쉽지 않았는데 요즈음은 보편화되었습니다. 수연壽宴(60세), 고희연古稀宴(70세), 팔질연八秩宴(80세), 구질연九秩宴(90세)이 점잖은 말입니다. 희수喜壽니 산수傘壽니 미수米壽니 하는 말들은 생소한 외래어라 생각됩니다.

자손들이 번창하여 화락한 분위기에서 구질연을 열어드리는 것은 복받은 집안입니다. 그래서 ≪장자莊子≫에 "하수河水는 9리里를 적시고, 은택은 삼족三族에 미친다."라는 말도 있습니다. 황하수 물길이 9리나 뻗어 적시니 그 사이 얼마나 많은 생물이 은혜를 입었겠습니까? 구순九旬이 되도록 자손을 돌본 집안의 어른은 축하받을 만합니다.

당나라 때 장공예張公藝라는 사람이 있었습니다. 이 집은 9대가 한 울타리에 살았다고 합니다. 당나라 고종이 태산에 제사를 지내러 가다가 그 집에 들렀습니다. 온 가족들이 화락하고 즐겁게 사는 모습을 보고 그 비결을 장공예에게 물었습니다 그랬더니 장공예가 붓과 종이를 청하여 참을 인忍자를 백 번 써서 바치더랍니다. 남보기에는 온화한 듯해도 서로간의 관용과 인내가 없으면 어려운 법입니다. 이것이 구세동거九世同居 고사입니다.

구우일모九牛一毛 고사도 九에서 나온 고사입니다. 지극히 작은 것이 구우일모입니다. 소 아홉 마리 중에 털 하나를 뽑았으니 정말 하찮은 것이지요.

이 말은 ≪사기史記≫를 지은 사마천司馬遷이 한 유명한 말입니다. 한나라 무제武帝 때의 일입니다. 2,000년 전의 일이지요. 무제는 한나라 유방의 증손자로 중앙집권체제를 확립한 공이 있습니다. 흉노족을 치던 이릉李陵이 열세를 이기지 못하고 투항했습니다. 무제에게 사마천이 나서서 이릉의 불가피함을 직언했습니다. 이를 들은 무제는 사마천마저 궁형宮刑을 내려 거세를 해버렸습니다. 충성을 다했던 사마천은 곧 자결하려다가 이 구우일모라는 말을 남겼습니다. 내가 자결하는 것은 구우일모와 같다. 그리고는 아무도 넘보지 못할 업적 ≪사기≫를 편찬했습니다. 구우일모는 이래서 나온 말입니다.

父 아버지 부 정신을 닮아야

부모父母, 부생아신父生我身

父는 '아버지'입니다. 父는 도끼 또는 몽둥이를 손에 든 모습을 형상한 글자입니다. 아버지는 사냥도 해야 하고 외부의 적도 물리쳐야 합니다. 그래서 이런 모습의 글자가 만들어졌습니다.

부모父母와 자식은 하늘이 맺어준 관계입니다. 이를 천륜天倫이라 합니다. 천륜은 하늘이 만든 질서라는 뜻으로 인간들이 어찌할 수 없는 자리매김입니다.

≪사자소학≫ 첫머리는 "부생아신父生我身하시고 모국아신母鞠我身하시다."로 시작하고 있습니다. 아버지는 내 몸을 낳으시고, 어머니는 내 몸을 기르셨다고 설명하고 있습니다. 5, 6세의 어린이에게 읽힌 글입니다. 오늘의 처지에서 보면 내용이 좀 지나쳐 보입니다. 그러나 당시에는 보편화된 교육과정이었습니다. 낳아주고 길러주신 은혜를 말한 거지요.

사람이 태어나면 대체로 3㎏ 전후의 핏덩어리입니다. 이 아기는 태어나는 순간부터 3년까지 부모가 곁에 없으면 살기가 어렵다고 합니다. 항상 지키고 마른자리 진자리 골라 보살펴야 합니다. 안아주고 배를 채워주고 위험으로부터 지켜주어야 합니다. 부모가 돌아가시면 삼년상三年喪을 치르는 것이 여기에서 연유합니다. ≪사자소학≫의 첫머리는 오늘날 자신이 되기까지의 고마움을 알게 하는 대목입니다.

또 한편 궁금하기도 했을 것입니다. '어째서 어머니가 아니고, 아버지가 낳으신 건가?' 하고 말입니다. 간접적으로 성性교육도 한 것입니다. 조숙한 아이들은 자기가 태어나는 데 아버지와 어머니의 공동작업이 있었음을 눈치챌 수 있는 대목이기도 합니다. 한문은 이렇게 함축성과 암시성을 지니고 있습니다.

부모님이 돌아가시면 고비考妣라고 합니다. 그러니까 5, 60대에도 부모님이 살아계시는 분은 행복한 사람입니다. 부모가 모두 돌아가시고 나면 형제자매도 모두 끈 떨어진 구슬처럼 느껴집니다. 부모님이 구존俱存하셔야 형제자매도 더욱 자별自別함을 경험상 알 수 있습니다. 살아계실 땐 모르다가 세월이 지날수록 아쉬움이 남습니다.

부고訃告란의 자녀 이름 위에 애자哀子, 고자孤子, 애고자哀孤子라는 호칭이 있는데, 이도 부모의 생존 여부에 따라 붙여집니다. 애자는 어머니만 돌아가신 분이고, 고자는 아버지가 돌아가신 분이며, 애고자哀孤子는 부모가 모두 돌아가신 분입니다. 어떤 부모 밑에서 태어나는가는 대단히 중요합니다. 그러나 그것은 선택이 아닙니다. 우주질서의 조화와 조물주의 권능으로 주어진 결과입니다. 이 결과는 자신의 분복分福입니다.

志 뜻 지 선비의 뜻처럼

지조志操, 지사志士

志는 '뜻', '뜻을 두다'의 뜻으로 쓰이는 글자입니다. 이 글자는 '가다'의 뜻인 지之자와 마음 심心자가 합한 글자입니다. '마음이 가다'라는 뜻입니다. 간혹 이를 선비 사士자와 마음 심心자가 합해진 글자로 보고 선비의 마음으로 설명하는 사람도 있습니다. 선비의 마음이 대체로 뜻을 굳게 지키는 것이므로 크게 어긋나는 풀이는 아니라는 생각이 듭니다. 그러나 글자의 어원으로 보면 사士는 지之가 원형입니다. 이 志는 원래 '마음이 가는 것, 그것을 일러 志라고 한다.'고 풀이합니다. 길吉도 갈 지之자와 구口자가 합해진 글자입니다.

선비의 마음이 가는 곳은 곧고 정의로운 곳일 것입니다. 그렇지 않으면 선비라고 하기가 어렵지요. 적어도 선비라면 학문을 하거나 뜻을 키우고 남을 위한 헌신을 하는 사람으로 볼 수 있습니다. 선비라는 말 자체가 글을 배운 사람이고, 또 글을 배운 사람 중에서 열에 하나 정도 나오는 사람이라 했습니다. 글을 배웠다고 모두 선비가 되지는 못합니다.

선비는 안락을 추구하는 사람은 아니었습니다. 나라가 외세에 위태로우면 목숨을 바친 것이 선비였습니다. 임진왜란 때 많은 의병을 이끌고 나라를 지킨 이들도 선비였고, 우리가 일본에게 강제로 합병당했을 때 목숨 바쳐 싸운 독립투사들도 선비들이었습니다. 그들의 개인적인 능력을 헤아려보건대, 조금만 자신을 돌보는 이기심을 가졌다면 모두 잘 먹고 잘 살 수 있는 분들이었습니다. 그러나 그들은 대의를 위해 자신을 희생했고, 그 결과 가족과 후손들까지 고초를 겪게 했습니다.

남강南岡 이승훈李昇薰 선생이 그런 분입니다. 이 어른이 독립운동을 하는 통에 직계 자녀들이 교육을 받지 못해 고통을 겪었습니다. 직계 후손이 학교의 수위를 했습니다. 태풍이 심하게 불자 밤중에 2층 교실의 창문을 닫으려다가 실족하여 사망했습니다. 남강 선생은 큰 사업가였고 그 돈으로 평북 정주에 오산학교를 세웠습니다. 이 학교에서 수많은 학자들이 배출되었습니다.

한 알의 밀알이 썩으면 삼십 배, 육십 배로 불어납니다. "뜻이 있는 곳에 길이 있다."고 합니다. 마음속에 칼을 품고 민족 광복을 위해 목숨 버린 무명의 선조가 많습니다. "두드리라 그러면 열리리라." 이런 말씀들이 남강의 마음에 박혀 큰 선비를 배출했고, 큰 뜻을 지니게 했습니다. 志는 칼이 들어와도 지조志操를 굽히지 않는 지사志士에게 가장 어울리는 글자입니다. 매천梅泉 황현黃玹처럼 말입니다.

死 죽을 사 죽음을 두려워 않다

사망死亡, 사몰死沒, 사거死去, 필사즉생必死卽生, 필생즉사必生卽死, 사육신死六臣

死는 '죽다'라는 뜻입니다. 죽지 않는 사람은 없습니다. 다소 차이는 있어도 결국 죽게 됩니다. 死의 글자는 살을 발라낸 뼈의 모양을 그린 알歹과 사람 인人의 변형이 모여 만들어졌습니다. 이 인人의 변형은 화化자처럼 사람이 죽어 거꾸러진 모습이라고도 합니다.

死처럼 죽음을 나타내는 말이 많습니다. 사망死亡, 사몰死沒, 기세棄世, 귀천歸天, 사거死去, 졸거卒去, 별세別世, 서거逝去, 순국殉國, 산화散花, 작고作故, 물고物故, 타계他界, 천붕天崩, 붕어崩御, 승하昇遐, 훙薨, 입적入寂, 입멸入滅, 적멸寂滅, 열반涅槃, 해탈解脫, 선종善終, 소천召天이 그것입니다. 죽음에 대한 관심이 컸다는 증좌입니다.

죽고 사는 것은 멋대로 되는 것이 아닙니다. 그래서 "죽고자 하면 살고, 살고자 하면 죽는다.[必死卽生 必生卽死]"는 말도 나왔습니다.

장자莊子는 죽음을 끝으로 보지 않고 우주宇宙의 순환循環 현상으로 보았습니다. 죽고 사는 것은 우주 순환의 무궁한 변화일 뿐 시작도 끝도 아니라고 한 것입니다. 인간도 우주에 흩어져 있던 정기精氣가 모여 태어났고, 죽으면 다시 우주의 기운 속으로 흩어진다는 겁니다. 그래서 죽음은 근심 걱정 없는 우주 속으로 다시 가는 것이니 축하할 일이라는 것입니다.

죽어야 할 곳에서 살고, 살 수 있는데도 죽는 사람도 있습니다. 박팽년朴彭年 같은 지사志士가 그렇습니다. 세조 때의 사육신死六臣 중 한 분이지요. 그는 성삼문成三問 등과 단종端宗 복위復位를 도모하다가 역린逆鱗으로 잡혔습니다. 심한 고문이 가해졌습니다. 형틀에 묶어놓고 쇠꼬챙이를 달구어 배를 지지는 고문을 당했습니다. 그러나 조금도 굴하는 기색이 없이 형리刑吏들에게 호령했습니다. "이놈들아, 쇠꼬챙이가 덜 달구어졌다. 어서 더 뜨겁게 달궈 오라."고 말입니다. 참으로 의연한 죽음입니다.

주기철朱基徹 목사님도 그런 분입니다. 일제 치하에서 신사참배神社參拜를 거부하다가 끝내 감옥에서 순교하셨지요. 두 분 모두 살려고 했으면 살아날 수 있었습니다. 죽어야 할 곳에서 굽히고 살 만한 인격이 못 되었나 봅니다.

사나이는 자기를 알아준 사람을 위해 목숨을 바치고, 충신忠臣은 두 임금을 섬기지 않는다는 말도 죽음을 염두에 둔 결연한 표현입니다.

價 값 가 자기 값은 스스로 정한다

가치價值, 가격價格, 평가評價

價는 '값', '가치'라는 뜻입니다. 사람 인亻자에 장사 고賈자가 합해진 글자입니다. 고賈는 번듯한 가게에다가 물건을 쌓아두고 파는 것을 말합니다. 물건을 가지고 다니며 파는 것은 상商입니다. 그래서. 행상行商이라 합니다. 행상은 가게가 없이 돌아다니며 물건을 파는 사람입니다. 원래 물건은 일정한 값이라야 하는데, 사람에 따라 장소에 따라 조금씩 다르게 매겨졌습니다. 그래서 고賈에 사람 인亻이 더해진 것입니다. 사람이 물건 값에 작용한 것입니다. 정당한 가치價值의 값을 정해야 하지만, 사람이 정하는 것에는 차이가 있기도 합니다.

말이 나왔으니 말이지만, 사람도 값이 있습니다. 정치, 경제, 사회, 문화 어느 분야를 막론하고 치열한 경쟁을 뚫고 고된 수련과정을 거친 사람은 그 값이 다릅니다. 보다 나은 사회발전을 위해서도 어쩔 수 없는 일입니다. 소수의 엘리트가 사회를 이끄는 것은 예나 지금이나 크게 다르지 않습니다. 사회정의와 도덕성에 어긋나지 않는 한 그런 사람은 최고의 예우를 받아야 마땅합니다.

맹자도 "솜 한 덩어리와 금 한 덩어리는 값이 다르다."고 했습니다. 사람들은 누구나 금을 선호합니다. 이를 차지하려면 남보다 뛰어난 능력을 발휘하고 더 많은 노력을 해야 합니다. 불고기와 곰 발바닥은 다르지요. 이를 취득하는 것은 선택의 문제가 아니라 경쟁의 문제입니다.

고려시대에 노극청盧克淸이란 사람이 살았습니다. 그는 청렴한 공무원이었습니다. 지방 출장 중에 살던 집을 부인이 매매해 버렸습니다. 노극청이 출장에서 돌아와보니, 집값은 샀을 때보다 은전 3냥이나 더 받았습니다. 그는 곧 집을 산 사람에게 은전 3냥을 돌려주며 그동안 잘 살았는데 매입가보다 더 받는 것은 도리가 아니라 했습니다. 집을 산 사람도 이미 계약을 했고 값도 치렀는데 도로 돌려받는 것은 의리가 아니라며 끝내 받지 않았습니다. 결국 이 은전 3냥을 자선기관에 기부했습니다. 오늘의 처지에서 보면 참으로 선량한 사람들이지요.

이규보李奎報가 쓴 〈노극청전〉의 이야기입니다. 이것은 사람의 값을 능력이나 경쟁보다는 인품으로 보여주는 대목입니다. 사람의 품격品格도 이처럼 다양합니다. 價는 가치價値, 가격價格, 평가評價 등에 쓰입니다.

5장 세상의 이치

鳥 새 조 꼬리가 긴 새

타조駝鳥, 비익조比翼鳥

鳥는 꼬리가 긴 새를 말합니다. 닭이나 기러기, 오리 같은 새는 꼬리가 깁니다. 이처럼 꼬리가 긴 새의 외모를 본떠 만든 글자가 鳥입니다. 이런 새들이 지상에 약 1만 종류가 있다고 합니다. 누가 도와주지 않아도 넓은 천지에서 살아갑니다. 생명의 존엄을 느끼게 합니다. "너희는 먹을 것, 입을 것에 너무 염려하지 말라. 하늘의 새들을 보라. 저들도 살지 않느냐."라고 ≪성경≫에서 가르치고 있습니다.

다리가 강한 새는 날개가 약하고, 날개가 강한 새는 다리가 약합니다. 타조駝鳥의 다리와 독수리의 날개를 연상해보면 이해할 수 있습니다. 유익구족有翼求足이라는 말이 있지요. "날개가 있으면서도 튼튼한 다리까지 요구한다."는 것을 말합니다. 욕심입니다. 유각구치有角求齒도 이와 비슷한 뜻으로 "강한 뿔이 있는데도 또 이빨까지 요구한다."는 것을 말합니다. 둘 중 하나만 주신 겁니다. 조물주는 이처럼 공평하게 세상을 만들었습니다.

새 중에는 봉황이나 비익조比翼鳥 같은 상상의 새도 있습니다. 비익조는 날개를 나란히 하여 나는 새라는 뜻입니다. 이 새는 태어날 때부터, 한쪽 날개만 있는 새입니다. 그 새는 자신에게 또 하나의 날개가 될 새를 간절히 찾습니다. 이렇게 만난 두 마리가 서로의 날개를 붙여 나란히 하여 정답게 날아가는 것이 비익조입니다. 물론 전설 속의 얘기지요. 연리지連理枝라는 식물도 그렇습니다. 뿌리는 다른데 땅 위에서 줄기가 만나 두 나무의 가지가 하나의 줄기가 된 나무입니다.

비익조와 연리지는 남녀의 정다운 만남에 비유됩니다. 어느 한쪽이 없으면 존재할 수 없는 관계, 이것이 비익조와 연리지입니다. 이 둘을 소재로 하여 〈장한가長恨歌〉를 지은 이가 백락천白樂天이지요. 당 현종唐玄宗과 양귀비楊貴妃가 주인공인 것은 물론입니다. 백락천은 백거이白居易를 이르며, 낙천은 그의 자이고, 호는 향산거사香山居士입니다. A.D. 800년을 중심으로 살았는데, 이백李白, 두보杜甫, 한유韓愈와 비슷한 시기에 살았던 당나라 시인입니다.

비익조처럼 서로 도우며 사는 새들이 너무너무 아름답지 않습니까? 배울 바가 많습니다.

角 뿔 각 뿔과 이빨

유치구각有齒求角, 두각頭角, 규각圭角, 각축角逐 우모인각牛毛麟角

角은 '뿔, 모남' 등의 뜻을 나타내는 글자입니다. 글자의 모양은 짐승의 뿔을 상형[⺈]한 것입니다. 윗부분이 뾰족한 끝을, 아랫부분이 뭉뚝한 밑부분을 본뜬 것입니다. 예전에는 이 뿔을 술 마시는 도구로도 사용하여 '술그릇'이라는 뜻도 지니고 있습니다.

또 뿔은 동물들이 호신용 무기로도 사용하였습니다. 더러는 침입자를 방어하는 무기가 되기도 하지요. 신기한 것은 소처럼 뿔이 있는 동물은 날카로운 이빨이 없고, 호랑이나 사자같이 이빨이 날카로운 짐승은 뿔이 없다는 사실입니다. 이를 "유각有角이면 무치無齒요, 유치有齒면 무각無角이라."는 말로 전해옵니다. 마찬가지로, 날개가 발달된 독수리나 매 같은 조류는 발이 빠르지 못하고, 타조처럼 발이 빠른 조류는 날개가 발달하지 못했습니다. 동물의 세계도 이처럼 공평한 일면을 가지고 있습니다. 그래서 모두를 갖고자 하는 욕심을 유치구각有齒求角이라 합니다. 이빨도 있으면서 날카로운 뿔도 갖고자 하는 경우입니다.

角이 쓰인 말로는 두각頭角이 있습니다. 글자 그대로 머리에 뿔이 난 것이 두각입니다. 남들은 정수리 부분이 둥글거나 평평

한데, 홀로 우뚝 뿔이 솟았으니 남보다 높을 수밖에 없지요. 이처럼 이마가 넓고, 정수리가 솟은 두상을 관상觀相에서도 귀상이라 한다고 합니다. 이 두각은 한유韓愈가 유종원柳宗元을 두고 한 말에서 유래했습니다. 한유나 유종원이나 모두 당나라를 대표하던 문필가로 알려진 분들입니다.

사람이 재주가 있으면 드러나게 마련입니다. 그런데 이 재주가 역작용하는 경우가 있습니다. 규각圭角이라는 말도 행동이 모가 나서 남과 잘 어울리지 못하는 경우에 쓰는 말입니다. 반면에 영탈穎脫이라는 말도 있습니다. 재능이 뛰어나게 우수한 것을 말합니다. 영穎은 뾰족한 끝이고, 탈脫은 '벗어나다'의 뜻입니다. 송곳이 자루에 들면 반드시 끝이 삐져나옵니다. 인재는 어디에 있어도 드러납니다. 규각의 모남을 좋은 방향으로 쓰는 것도 지혜에 속합니다.

각축角逐도 서로 쫓고 쫓기는 다툼을 말합니다. 짐승들이 뿔로 서로의 힘겨루기를 하듯이 사람도 마찬가지입니다.

우모인각牛毛麟角이라는 말도 알아둘 만한 말입니다. 우모牛毛는 소의 털이지요. 그래서 우모는 셀 수 없이 많은 것을 말하고, 인각麟角은 기린의 뿔로 귀하디귀한 것을 말합니다. 공부를 시작하는 사람은 많아도 끝내 성취하는 사람이 드물다는 뜻입니다. 이것이 우모인각입니다.

權 권세 권 저울을 달듯

권세權勢, 권도權度

權은 '저울'이라는 뜻이 있습니다. '권세權勢', '권도權度'라는 뜻으로도 많이 쓰이기는 합니다. 저울이라는 것은 물건의 무게를 다는 기구입니다. 이 기구는 내용의 시비와 사물의 경중을 헤아려, 정도에 맞게 하는 것이라야 합니다. 權이라는 글자가 이런 뜻을 포함하고 있습니다. 서초동 대법원에 저울로 물건을 다는 모습을 크게 그려놓았습니다. 이 그림은 법원이 저울로 물건을 달듯이 치우침 없이 판단하는 곳이란 뜻을 나타낸 듯합니다.

이 權자는 나무 목木에 황새 관雚이 합하여 이루어졌습니다. 목木은 저울대이고 여기엔 눈금이 표시되어 있습니다. 이 눈금을 황새가 두 눈을 부릅뜨고 지켜보고 있는 모양이 權자입니다. 조금이라도 잘못되지 않도록 지켜보고 있는 것입니다.

그래서 저울대를 만든 나무도 신중하게 골랐습니다. 많은 나무들 중에서 가장 적합한 것을 골라 저울대를 만들었을 것입니다. 모든 일의 경중을 가늠하는 역할을 하는 저울대니까 말입니다. 이 나무가 바로 황화목黃花木입니다. 매우 귀한 나무입니다. 노란 꽃이 탐스럽게 피고 키가 5미터가 넘는 나무입니다. 그리고 곧고 반듯하게 자라는 나무로 알려져 있습니다. 이 구하기 어려운 나무로 저울대를 만들었다고 합니다.

황새 관雚도 그렇습니다 부리 위의 장식이 艹이고 두 개의 口는 눈을, 추隹는 새를 뜻하는 형상입니다. 이 셋이 모여 황새 관雚이 된 것입니다. 황새는 예로부터 인간에게 신령함을 전하는 새로 알려져 있습니다. 황새의 습성이 무리지어 골짜기나 마을 부근의 숲에 깃들곤 하는데, 그곳은 반드시 상서롭다고 합니다. 아마 저울 눈금을 잘 살피는 새는 이런 새라야 한다고 판단했던 듯합니다.

이를 보면 權에는 어떤 일을 저울에 달듯이 공평하게 처리한다는 의미가 큽니다. 일이 공정하려면 어느 쪽으로도 치우침이 없어야 합니다. 이를 흔히 중도中道라고 합니다. 다만 중도는 항상 변한다는 사실입니다. 수시처중隨時處中이 그런 뜻입니다. 저울에 다는 물건의 무게가 한결같지 않듯이 말입니다. 장소나 시간에 따라 처리되는 일의 잣대도 달라야 합니다. 경우마다 상황에 맞게 변해야 합니다. 이것이 권도權度입니다.

中 가운데 중 붙박이는 없다

중앙中央, 집중執中, 중도中道, 중간中間

中은 사물의 중앙中央, 곧 '가운데'라는 뜻으로 널리 쓰이는 글자입니다. 글자의 생긴 모양도 구口를 치우침 없이 반으로 갈라놓은 형태입니다. 세로로 그은 획[|]이 구口의 좌나 우로 치우쳐 있으면 中이 아닙니다. 中은 어느 쪽으로도 치우치지 않아야 합니다.

보이는 것만 그런 것이 아니라 보이지 않는 것도 그렇습니다. 사람의 마음속에 희노애락애오욕喜怒哀樂愛惡慾의 일곱 가지 감정이 있습니다. 이 마음속에 있는 감정도 얼굴에 드러나면 이미 中이 아니라는 것입니다. 그러나 우리는 中에 맞추어 살기가 쉽지 않습니다. 때로 한쪽으로 치우치기도 합니다. 그래서 이기주의도 나오고, 반대로 이타주의도 나왔습니다.

맹자보다 조금 앞선 전국시대에 양자楊子(양주楊朱)라는 이가 있었습니다. 그는 자신만을 위하는 사람이었습니다. 그는 그의 머리털 한 올만 뽑으면 온 세상이 모두 행복해진다고 해도 이를 거부했습니다. 반면에 같은 시기에 묵자墨子(묵적墨翟)라는 이가 있었습니다. 이 사람은 겸애설兼愛說을 주장했습니다. 양자와 정반대 생각을 한 사람입니다. 자신이 갈리어 가루가 되더라도 남이 이롭게 된다면 이를 실행하는 사람이었습니다. 이 사람은 극단적 이타주의자라 할 수 있습니다. 양자나 묵자는 모두 中과는 거리가 먼 사람입니다.

그러자 또 자막子莫이라는 이가 있어, 집중執中을 주장하고 나왔습니다. 그는 중도中道를 잡아야 한다고 했습니다. 이타利他나 이기利己로 치우치지 말고 그 중간中間을 굳게 지켜야 한다는 것입니다.

이 세 사람이 모두 한때를 풍미했던 분들입니다. 좌를 주장하면 우가 나오고, 우를 내세우면 좌가 나옵니다. 또 중도를 주장하는 의견도 나왔습니다. 중도는 中자의 함축된 뜻을 살리려 한 것이지요.

언뜻 보면 자막이 말한 집중이 가장 그럴싸해 보입니다. 그렇지만 집중도 굳어지면 하나의 고집固執이 되고 맙니다. 권도權道가 없으면 이것도 고집이 됩니다.

비유하자면 공부방 하나만 보면 그 중앙은 공부방의 가운데이지만, 집 전체로 볼 때 집의 중앙은 거실쯤이 됩니다. 언제나 공부방 가운데가 중앙이 아니라는 말입니다.

어느 하나를 고정하여 중도를 주장하면 좌나 우를 주장함과 다름이 없습니다. 中은 사안사안마다 다름을 알아야 합니다. 알맞은 中을 지키기가 이처럼 어렵습니다.

運 운전 운 항상 변한다

운명運命, 시운時運

運은 '돌다', '움직이다', '옮기다' 등의 뜻을 가진 한자입니다. 글자는 군사 군軍자에 옮길 착辶자가 합해 이루어졌습니다. 착辶은 '가다'라는 뜻이니 運은 군사들이 움직인다는 의미가 들어 있습니다.

사람들도 항상 움직이며 살아갑니다. 이 움직임은 위험과 행운이 수반됩니다. 그리고 그것은 사람의 뜻대로가 아니라 눈에 보이지 않는 힘에 따라 좌우되는 수가 많습니다. 사람은 오직 최선을 다할 뿐 그 결과는 절대자의 손에 달려 있습니다. 이것이 하루하루의 삶을 경건하게 해야 하는 이유이기도 합니다.

진인사대천명盡人事待天命이라는 말이 있습니다. '인사人事를 다한 뒤에 천명天命을 기다린다.'는 뜻입니다. 이 기다림은 사주팔자와는 다릅니다. 사주팔자는 운명運命이니 숙명이니 하는 고착된 사고를 말하지만, 運은 순간순간 살아 움직이는 생명체와 같은 존재입니다. 이를 시운時運이라 합니다.

지난 일을 돌아보면 우리는 많은 인생 경험을 하며 오늘에 이르렀습니다. 그중 한순간의 선택이 전혀 다른 삶으로 전개되기도 했지요.

한두 마디의 실언失言으로 삶을 망치는 사람도 있습니다. 옛말에 "추천은 사람이 하지만 결정은 하늘이 한다."는 말이 실감납니다. 〈두 갈래 길〉이라는 유명한 시詩도 있거니와, 어느 길이 가야 할 좋은 길인지는 아무도 모릅니다. 탄탄대로일 수도 있고, 낭떠러지일 수도 있습니다. 그러나 가야 합니다.

새옹지마塞翁之馬도 미래를 모르는 인간사를 풍자한 고사입니다. 새옹塞翁은 변방에 사는 노인이란 뜻이지요. 이 노인이 아끼던 말[馬]이 무단히 집을 나가버렸습니다. 큰 손실이 난 것입니다. 많은 이웃 사람들이 노인을 위로했습니다. 그런데 뜻밖에 나갔던 말이, 다른 말 한 마리를 데리고 돌아왔습니다. 이번에는 큰 횡재를 한 것입니다. 그런데도 노인은 거저 덤덤했습니다. 이것이 화禍가 될지, 복福이 될지 모른다는 것입니다. 그러다가 정말 아들이 말에서 떨어져 절름발이가 되었습니다. 이웃들이 또 노인을 위로했습니다.

급기야 나라에 큰 전쟁이 일어났습니다. 마을의 건장한 장정들은 모두 동원되었고 전사자가 속출했습니다. 이 노인의 아들은 장애인이라 무사했습니다. 새옹지마는 인간의 길흉화복吉凶禍福은 돌고 돌아 미래의 일은 알 수 없다는 뜻입니다.

運이란 글자는 눈에 보이는 물건의 움직임도 그러려니와 눈에 보이지 않는 움직임에도 적용됩니다.

發 필발 땅을 딛고 활을 쏘다

발포發砲, 출발出發, 발명發明, 발견發見, 발달發達, 발전發展, 계발啓發

發은 '쏘다', '떠나다', '피다' 등의 뜻으로 쓰이는 글자입니다. 글자 속에 활 궁弓자가 들어 있습니다. 나머지 부분은 짓밟을 발癶자입니다. 이 짓밟을 발癶의 글자가 다소 생소하지요. 기초 한자에서 벗어난 글자여서 그렇습니다. 여기서 말하는 기초한자는 아주 초보자들이 알아야 될 글자들을 말합니다. 어쨌든 땅을 힘껏 밟으며 활로 무언가를 쏘는 모습을 상형한 글자가 發자의 모습입니다.

발포發砲는 '포를 쏘다'라는 말입니다. 출발出發은 어느 곳으로 '떠나다'의 뜻으로 쓰인 경우입니다.

발명發明이나 발견發見도 이 發자가 들어가는 단어입니다. 이제까지 없던 기술이나 물건 따위를 새로 연구해내거나 만들어내는 것이 발명이고, 미처 찾아내지 못했거나 세상 사람들에게 알려지지 않은 현상이나 사물 따위를 찾아내는 것이 발견입니다. 이처럼 초보자들이 알아야 할 말들에 發자가 많이 쓰입니다. 발달發達도 그렇고 발전發展도 그렇습니다.

조금 전에 기초한자 이야기를 했습니다만, 이 發도 기초한자에 해당합니다. 그런데 이 기초한자를 배우면 어린이들의 두뇌가 발달됩니다. "한자는 어린이를 천재로 만든다."는 말이 있습니다. 과연 그렇습니다. 사람의 뇌는 좌뇌와 우뇌가 있습니다. 좌뇌는 논리를 따지는 역할이고, 우뇌는 감성을 인식하는 역할을 맡고 있다고 합니다. 사람의 뇌는 8세까지 가장 많은 정보를 흡수한다고 합니다. 10세가 넘으면 자기 판단력이 강해져서 입력이 잘 안 된다는 거지요.

그러므로 어학은 어릴 때 가르쳐야 효과가 높다는 것입니다. 한자 공부도 마찬가지입니다. 이 한자를 익히면 논리적 사고인 좌뇌와 감성적 정서를 맡은 우뇌가 동시에 계발啓發됩니다. 한자에 있는 그림적인 요소와 그 속에 담긴 뜻이 좌뇌 우뇌를 동시에 계발한다고 합니다.

한자를 익히면 어른스러워지는 것도 그 때문입니다. 한자교육은 어릴수록 효과적입니다. 조선초기 김시습金時習은 신동神童으로 소문이 나 5세 때 세종世宗 임금을 알현謁見하고 당시의 높은 관리였던 성삼문成三問의 운韻에 대구對句를 달아 유명해졌습니다. 고려 말의 이규보李奎報도 9세에 이미 당시 관료들과 글을 주고받았습니다. 조기교육의 성과라 생각됩니다.

기초한자 공부는 이처럼 어린이의 두뇌를 계발합니다. 한자교육이 초등학교부터 정규시간에 이루어져야 하는 이유이기도 합니다.

出 날 출 구덩이에 싹이 나다

출생出生, 가출家出, 출가出家

出은 '나다', '나가다' 등의 뜻으로 쓰입니다. 구덩이[凵]에 싹[屮]이 나는 모습이 합해진 글자입니다. 새싹이 움트는 모습은 언제 봐도 아름답습니다. 아무리 독초라 하더라도 새싹에는 독이 없다고 합니다. 자연이 참으로 신비롭습니다. 그 독은 자라면서 생기는 것입니다. 화분에도 어떤 화초가 자라느냐에 따라 가치가 달라집니다. 고급 난은 그 값이 엄청나다네요. 모든 것이 가꾸기 나름입니다.

'나다'는 출생出生처럼 태어나는 경우의 뜻이고, '나가다'는 가출家出처럼 집에서 나가는 경우의 뜻입니다. 요즈음 청소년의 가출 문제가 심각하다고 합니다. 집에서 나가서 자립하겠다는 것이지요. 춘치자명春雉自鳴이라고 미리 나가지 않아도 저절로 때가 올 것인데, 이를 미리 실행에 옮기는 것이 가출입니다. 이는 청소년 자체보다도 그 가족, 그 가정, 그리고 우리 어른들의 책임이 더 커 보입니다.

같은 글자인데도 출가出家는 뜻이 좀 다릅니다. 출가는 뜻을 세워 집을 나오는 것이지요. 주로 불도佛徒들이 집을 나와 절[寺]

로 들어가는 것이 출가입니다. 이 경우의 대상은 청소년일 수도 있고, 장년壯年일 수도 있습니다. 다만, 한번 나오면 다시는 집으로 들어가지 않는 것이 출가인가 합니다.

많은 고승 대덕들이 원대한 뜻을 품고 속세의 인연을 끊고 집을 나와 득도의 길로 들기도 합니다. 원효元曉, 지눌知訥, 의상義湘, 최근의 성철性徹 스님도 모두 이런 분인가 합니다.

성철 스님의 법어 중에 "산은 산이요 물은 물이로다."라는 구절도 득도한 분의 눈으로 본 자연인 듯합니다. 우리가 보는 산은 현실적인 산 그 자체이고 강물은 물 그 자체인데, 득도한 눈으로 보면 산도 부처요 물도 부처라는 뜻으로 풀이할 수 있지 않을까 합니다. 천지가 부처요 부처 아님이 없는 것입니다. 그러나 부처의 눈으로 본 자연도, 사람의 눈으로 본 자연도 모두 같은 사물임에 틀림없습니다.

우리가 파란 안경을 끼고 세상을 보면 모두가 파랗지요. 노란 안경을 끼고 보면 모두가 노랗습니다. 그처럼 보는 눈에 따라 대상이 다르게 다가옵니다. 그러나 언제나 노란 안경, 파란 안경으로만 세상을 볼 수는 없습니다. 안경을 벗고 봐도 세상이 노랗게 파랗게 보여야 진짜입니다. 그러고 보면, 出은 한 꺼풀 벗는 의미도 있을 듯합니다.

萬 일만 만 전갈을 닮은 글자

일만一萬, 만수무강萬壽無疆, 만년萬年, 만사형통萬事亨通, 만물萬物, 만보萬步, 만석萬石

萬은 숫자 '일만一萬'을 표시하는 한자입니다. 천이 열 개가 있어야 만이 되니 일만은 매우 많은 숫자입니다. 그래서 이 萬자를 벌통의 벌을 상형한 글자로 보기도 합니다. 근자에는 전갈의 상형[]이라는 설이 더 설득력을 얻고 있습니다. 전갈은 거미류에 딸린 동물로 가재처럼 생긴 꼬리에 독침이 있는 독충입니다. 풀 초艹로 보이는 앞부분은 먹이를 잡을 때 쓰는 집게이며, 밭 전田인 가운데 부분은 몸통이고, 아랫부분은 꼬리에 달린 독침입니다. 이것이 숫자 표기에 전이되어 萬으로 사용되고 있습니다.

우리가 가장 빈번이 쓰는 말에 만수무강萬壽無疆이 있습니다. "만 년萬年을 살아도 끝이 없다."는 뜻입니다. 이 말은 어른의 생일이나 회갑연에서 쓰는 덕담입니다. 그럴 때 쓰는 강疆은 끝이라는 뜻입니다. 원래는 경계 또는 지역의 뜻으로 많이 쓰이지만 만수무강에서는 끝이 없으라는 뜻의 끝입니다. 이 글자를 강彊으로 잘못 쓰면 큰 낭패가 됩니다. 강彊이라는 글자는 '굳세다',

'힘세다'의 뜻이기 때문입니다. 이 만수무강은 ≪시경詩經≫ 〈빈풍豳風〉에 나오는 것으로 백성들이 임금님께 술을 드리면서 부른 노래입니다.

비슷한 뜻으로 만사형통萬事亨通도 있습니다. 만사는 모든 일이고 형통은 형亨하게 통通하는 것을 말합니다. 형亨은 여름의 무성함을 상징하는 말로 만물萬物을 성장시키는 의미가 있습니다. 통通은 막힘이 없이 확 뚫림이지요. 이 말은 어떤 일을 하든지 뜻대로 이루어져 조금도 어긋나지 않는 것을 의미합니다. 사실 이 형亨을 조금 더 설명하면 원형이정元亨利貞의 형亨입니다. 이는 ≪주역周易≫의 건괘乾卦에 나오는 원리의 하나입니다. 건괘는 굳세다는 뜻을 지니고 있습니다.

이렇게 보면 萬에 어울리는 말은 나쁜 의미보다 좋은 의미의 말이 많은 듯합니다. 전갈의 상형에서 생기긴 했지만 그 쓰임은 좋은 것이 많습니다. 건강을 위해 권장하는 만보萬步 걷기도 그렇고, 만석萬石도 그렇습니다. 부자를 만석꾼이라고 하는데 한 고을에 만석꾼이 나기가 쉽지 않습니다. 더구나 이 만석꾼이 인심이 넉넉하여 가난한 이웃을 돌보았다는 기사를 보면 흐뭇합니다. 이런 사람들은 세상이 바뀌어도 주변으로부터 보호를 받았습니다. 물질보다는 마음입니다.

右 오른(쪽) 우 손 든 모양

우백호右白虎, 우도右道

右는 '오른쪽', '돕는다'의 뜻입니다. 사람이 손을 든 모습을 상형한 글자입니다. 자세히 보면 손을 나타내는 우又에 입 구口 자가 합해진 글자입니다. 말[口]을 하면 그 말에 따라 손으로 움직여 일을 하게 되므로 '돕다'의 뜻도 생겼습니다. 남을 돕는 일은 보람 있는 일입니다. 자기의 재능이나 노력으로 남을 도울 수 있다면 해볼 만한 가치 있는 일입니다. 그 일에는 반드시 머리와 손이 필요합니다.

모든 동작은 손으로 시작됩니다. 손의 역할이 중요합니다. 거기다가 우리는 손재주가 뛰어난 민족입니다. 젓가락질을 하는 것만 봐도 알 수 있습니다. 어린이로부터 어른에 이르기까지 젓가락질 솜씨가 능숙합니다. 별것 아닌 것 같은 이 능력이 세계 최고의 전자왕국으로 만드는 것이 아닌가 합니다. 그 중심에 바로 손이 있습니다. 외국인들이 간혹 젓가락질하는 것을 보면 참으로 어색합니다. 같은 모양의 손임에도 그 기능에 천지 차이가 있습니다.

거듭 말하지만 입과 손이 합해진 글자가 右입니다. 입만 앞서고 손이 따르지 않으면 언행 불일치처럼 어긋나는 것이 右인가 합니다. 경계할 일입니다.

이 右는 방위로는 서쪽을 가리킵니다. 우리가 정남향으로 섰을 때 오른쪽이 서쪽입니다. 그래서 우백호右白虎의 右가 서쪽에 있는 백호를 나타냅니다. 백호를 상징하는 산줄기가 주산主山의 서쪽에 있는 것이 우백호입니다. 이에 대칭적으로 좌청룡左青龍이 있습니다. 이 좌청룡은 동쪽이지요. 풍수지리설에 나오는 용어들입니다.

풍수지리설은 산과 들과 물줄기에 음양오행의 이론을 부여하고, 유가의 윤리사상을 결합한 사상으로 중국의 진秦나라에서 시작했습니다. 우리나라는 신라 말 도선국사道詵國師가 중국에서 도입하여 체계를 세워 퍼뜨렸습니다. 800년대의 일입니다. 터에 생기生氣가 있어 그곳을 차지한 후손에게 영향을 미친다는 것입니다. 명당明堂을 찾아 헤매는 이유가 여기에 있습니다.

또 우도右道라는 말도 많이 씁니다. 한반도를 세로로 갈라 오른쪽과 왼쪽을 우도 좌도라 합니다. 특히 경상도 지역은 낙동강을 중심으로 왼쪽을 좌도, 오른쪽을 우도라 부르기도 했습니다. 그 지역을 중심으로 많은 이야기들이 오고 갑니다.

左 왼 좌 왼손의 모양

좌파左派, 좌익左翼, 좌우수左右手, 좌우左右, 좌의정左議政, 좌천左遷

左는 '왼손' 또는 '돕다'의 뜻으로 쓰입니다. 왼손의 모양을 본떠 만들어진 글자입니다. 곧 왼 좌[𠂇]에 장인 공工이 합해진 글자입니다. 이 공工은 목수가 사용하는 곡자를 말하는데, 주로 왼손에 들고 오른손을 돕는다 하여 '돕다'의 뜻이 나왔습니다. 그러던 것이 방향이라는 뜻으로 쓰이기 시작하여 요즈음은 진보 성향의 레프트를 지칭하는 말로도 많이 쓰입니다. 이로 말미암아 왼편과 오른편, 좌파左派와 우파右派, 좌익左翼과 우익右翼 하는 말들이 생기기도 했습니다.

좌파・우파에 쓰인 파派는 물결이고, 좌익・우익에 쓰인 익翼은 날개입니다. 파派라는 글자가 나타내는 물결이라는 말의 뜻은 멋모르고 떠밀려다니는 의미가 짙고, 날개 익翼은 그래도 자기 의지가 있는 부류들의 모임인 듯합니다. 스스로 선택하는 날개짓이니까요. 우리 모두 6・25를 겪었지만 자신도 모르게 좌파, 우파로 몰려 희생되기도 했습니다.

한 고조漢高祖 밑에 소하蕭何라는 유명한 승상이 있었습니다. 한 고조에게는 수족 같은 부하였습니다. 이 소하는 평소 한신韓

信의 군사적 역량을 크게 인정하고 있었습니다. 그러던 어느 날 한신이 유방劉邦의 곁을 떠나 달아나버렸습니다. 이 소식을 들은 소하가 크게 놀라 한신을 잡으러 쫓아갔습니다. 미처 유방에게 보고할 겨를도 없이 말이지요. 그러자 어느 병졸이 한신은 물론이고 소하조차 망명했다고 보고했습니다. 이 보고를 접한 유방은 낙심하여 두 손[左右手]을 잃은 듯한 모습이었다는 고사가 있습니다.

왼손 오른손 이야기는 이래서 나왔습니다. 다행히 한신을 데리고 온 소하를 맞아 유방이 크게 안심했다는 이야기입니다. 요즈음도 흔히 큰 정치가들 이름 밑에 좌 누구, 우 누구라는 말을 간혹 사용합니다. 그 유래가 여기라고 합니다.

左는 양陽이고 우右는 음陰이라고 합니다. 양이 겉이고 음이 속입니다. 그래서 좌우左右라는 말도 左가 앞에 나오고 우선이 됩니다. 그것이 바로 자리의 서열이 되었습니다. 좌의정左議政 다음이 우의정右議政인 것도 그렇습니다.

그런데 시대에 따라 左가 낮은 것, 못한 것의 뜻으로 쓰이기도 합니다. 좌천左遷이 그런 예입니다. 낮은 자리로 강등되는 것이 좌천이니 이때의 左는 우右의 다음입니다.

東 동녘 동 세상이 동트다

동방東方, 동향東向, 동헌東軒, 동궁東宮, 동양학東洋學, 동양東洋

東은 '동쪽'을 뜻하는 글자입니다. 이 글자는 긴 자루의 터진 양쪽 입구를 묶어놓은 것을 본뜬 글자[ ]라 합니다. 가운데 불룩한 부분은 자루 속에 들어 있는 귀한 물건을 나타내고 있습니다.

이 글자는 종래까지 나무[木]에 아침 해[日]가 떠오르는 모습으로 해석해왔습니다. 지금도 東자가 사전에 나무 목木 부수에 들어 있는 것을 보면 이렇게 보는 것도 한 가지 방법일 수 있습니다. 나뭇가지 사이로 아침에 떠오르는 태양이 동쪽 방향이므로 뜻도 동쪽으로 굳어졌습니다.

동방東方은 사람들이 선호하는 방향입니다. 사는 집을 마련할 때도 남향에 동향東向 대문을 선호하고, 베갯머리를 동쪽으로 두는 것도 희망의 기운을 받고자 함이 아닌가 합니다. 동헌東軒은 사또들의 집무실이었고, 동궁東宮은 왕세자들의 거처였습니다.

東은 동양학東洋學에서 매우 귀하게 여기는 글자입니다. 우선 음양陰陽으로 가를 때 東은 양에 속합니다. 그래서 동양東洋에 속한 한국, 중국, 일본 등이 서양 나라에 비해 양의 기운이 강한 나라입니다. 사람을 손으로 부르거나 돈을 셀 때도 손등을 보이게 하는 것이 양의 표출입니다.

계절로 보아도 東은 봄에 해당합니다. 봄은 만물이 생동을 시작하는 절기입니다. 이는 우주의 운행질서를 밝히는 ≪주역≫의 원형이정元亨利貞에서 원元에 해당합니다. 원은 으뜸이며 생동의 시작점입니다. 오행의 오색으로 가를 때에는 푸른색에 해당합니다. 봄날 따뜻한 양지쪽에 돋아나는 새순들이 이에 해당합니다. 숫자로 볼 때 東은 3에 해당하며, 3도 역시 홀수인 양의 수입니다. 인체로 보아서는 오장의 간장肝臟이 東에 해당됩니다. 동양의학에서 간에 문제가 있으면 동쪽 비탈의 푸른 새순으로 약재를 쓰는 것도 인체의 오행을 살핀 결과인가 합니다.

접빈接賓을 하는 의식에 주인은 동쪽에 서고, 손님은 서쪽에 서게 하는 것이 원칙입니다. 혼례를 치를 때도 동쪽은 신랑이, 서쪽은 신부가 자리합니다. 東이 청색이므로 신랑 어머니가 청색 치마를 입고, 신부 어머니는 청색에 대응하는 색깔인 붉은 치마를 입습니다. 촛불도 청색이 신랑 쪽이고 붉은색은 신부 쪽입니다. 청실홍실도 여기서 유래된 말입니다.

西 서녘 서 새가 깃드는 쪽

서방西方, 서인西人, 서반西班

西는 '서쪽'이라는 뜻을 가진 글자입니다. 나뭇가지 사이에 새둥지 또는 새가 깃드는 곳을 상형하여 만들어진 글자입니다. 해가 서쪽으로 질 무렵 둥지로 찾아들어서 서쪽이란 뜻이 되었습니다. 소전小篆에도 새가 둥지 위에 앉아 있는 모습[]이라고 설명하고 있습니다. 새는 낮 동안 둥지를 떠났다가 해가 질 무렵이면 반드시 제집으로 찾아듭니다. 이를 귀소歸巢 본능이라 합니다. 여우도 죽을 때가 되면 고향 언덕으로 머리를 돌린다고 합니다. 수구초심首丘初心이 그런 뜻입니다.

도연명陶淵明의 〈귀거래사歸去來辭〉에도 고향으로 돌아오는 장면이 나옵니다. 젊은 시절 남다른 총기가 있어 뜻을 품고 벼슬살이로 나갔습니다. 그러나 취향이 달랐습니다. 상전들의 간섭에 시달리고 감독기관의 감사를 받아야 했습니다. 그러자 미련 없이 벼슬을 버리고 고향으로 향했습니다. "내 어찌 너덧 말의 봉록 때문에 내키지 않는 허리를 굽힌단 말인가?"

돌아갈 고향이 있다는 것이 그래서 좋습니다. 미련 없이 떠나며 읊은 내용이 〈귀거래사〉입니다. "새도 날다가 지치면 둥지로 돌아올 줄을 안다."고 했는데, 어찌 외지에서 고달픈 벼슬살이에 미련을 두겠는가라고 읊은 것이 천하의 명문 〈귀거래사〉입니다. '조권비이지환鳥倦飛而知還'이 그 말입니다. 날다가 지치는 것이 외지에서의 고달픔이고, 둥지를 찾는 것이 귀향이지요.

동물도 그러하거늘 도연명 같은 걸출한 인물이 이를 모를 리가 없지요. A.D. 400년쯤입니다. 〈귀거래사〉에는 많은 명구절이 있지만 그중에서 '조권비이지환鳥倦飛而知還'을 압권이라 하여 많은 사람들이 애송하고 있습니다.

동방東方에 대칭되는 것이 서방西方입니다. 서방이 오랫동안 세계를 이끌어오고 있습니다. 과학이 앞서고, 기계문명을 일찍 발달시켰기 때문입니다. 많은 자본도 가졌고, 학문도 발전하고, 문명도 발달했습니다. 그러나 만초손滿招損이라는 말이 있습니다. 달도 차면 기운다는 뜻이지요. 추사秋史의 글씨에 자주 나타나는 문구입니다.

역사에 동인東人과 서인西人도 있고, 동반東班과 서반西班도 있었지요. 요즘 들어 신토불이身土不二라 하여 우리 것에 대한 관심이 높아지고 있습니다. 자긍심을 가져도 좋을 날이 왔으면 하는 바람입니다.

命 목숨 명 절대자의 뜻

명령命令, 천명天命, 지천명知天命

命은 '목숨' 또는 '명령命令하다'의 뜻을 지닌 한자입니다. 이 命은 입 구口자와 하여금 령令자가 합해진 글자입니다. 입으로 명령을 내린다는 의미를 지니고 있지요. 명령은 윗사람이 내는 것이니, 우리의 命은 아주 높은 절대자가 관장하는 것이라 할 수 있습니다. 따라서 목숨은 사람이 다스릴 수 없는 하늘의 뜻이 들어 있습니다.

공자님은 사람의 나이 오십을 지천명知天命이라 했습니다. 천명天命을 아는 나이라는 뜻이지요. 천명은 하늘의 명령이지요. 운명이니, 팔자니, 섭리니 하는 말들이 모두 그래서 나온 말들입니다. 이 천명에 '알다'라는 지知가 합하여 지천명이 되었습니다. 사십은 불혹不惑이고 육십은 이순耳順이고 말이지요.

학문이 어느 정도 성취되는 나이가 삼십인 이립而立이고, 그로부터 10년 후가 인격적으로 완성된 불혹입니다. 학문만 이루어서는 안 되고 인격 완성을 위해 10년은 다듬어야 합니다. 그리고 20년이 더 지나야 남의 말을 들을 줄 아는 이순이 됩니다. 남의 나쁜 말도, 남의 좋은 말도 걸러 들을 수 있는 식별력, 이것이 이

순입니다. 사람은 이처럼 끝없이 발전해가는 존재입니다.

대체로 오십을 넘기게 되면 자신이 살아온 자취들을 돌아보게 됩니다. 그러면서 내 삶에서 가장 중요했던 것이 무엇이었던가를 생각하게 됩니다. 태어난 가문인가, 남다른 재주인가, 출중한 외모인가, 그도 아니면 다른 뭐가 있는가 등을 곰곰이 생각해보게 됩니다. 이도 저도 없으면서 오늘에 이르도록 이만큼 번듯하게 살고 있는 것은 무엇 때문일까를 생각하게도 됩니다.

오십을 훌쩍 넘기고도 하늘의 뜻을 깨닫지 못하고 새로운 일을 펼치려는 사람은 욕심이 조금 과한 사람이라 할 수 있습니다. 오십 이전에 이미 하늘의 뜻이 그에게 알게 모르게 여러 번에 걸쳐 전해졌다는 의미이지요.

여기서 다시 ≪논어≫의 지천명을 떠올리게 됩니다. 하려고 하지 않았는데 그렇게 되는 일도 있고, 이루려 하지 않았는데 저절로 그렇게 되는 일도 있지요. 한국에서 태어나겠다고 자신이 의도하지 않았는데도 한국의 국적을 가졌거나, 천생으로 부모와 형제와 만나게 된 것 등은 천天의 일이고, 어느 대학에서 무슨 전공을 하느냐, 또는 어느 동네에 누구와 더불어 사는가 등은 명命의 일로 볼 수 있습니다.

인생을 한 50년쯤 살아야 이런 통찰력이 생긴다고 합니다. 그래서 50세가 지나면 어떤 일을 펼치기보다는 해왔던 일도 거두고 다지는 것이 좋다고 합니다.

骨 뼈 골 뼈 있는 바른 선비

골격骨格, 약골弱骨, 골상骨相, 선골仙骨, 선풍도골仙風道骨, 기골氣骨, 성골聖骨, 진골眞骨, 골육지친骨肉之親, 골동품骨董品, 매마골買馬骨

骨은 '뼈', '요긴하다', '꼿꼿하다' 등의 뜻을 지닌 한자입니다. 글자 모양은 뼈를 나타내는 부분과 살[月]을 나타내는 부분이 합해진 형상입니다. 글자에서 살 육月을 뺀 부분이 '살 발라내다'라는 뜻을 가진 글자의 형상입니다. 살을 발라냈으니 뼈만 남은 것이지요. 그리고 육月은 여기서 고기 육[肉]의 뜻입니다. 그러니 骨은 뼈에 고기가 조금 붙은 모습으로 볼 수 있습니다. 갈비처럼.

뼈는 주로 고등동물에서 몸을 지탱하는 역할을 하지요. 이 경우의 여러 조직을 골격骨格이라 합니다. 골격이 곧고 뚜렷한 사람도 있고, 병이 든 사람처럼 약골弱骨도 있지요. 이렇게 골격을 살펴 그 사람의 인상을 파악하는 것을 골상骨相이라고 합니다. 골상으로 보아 선골仙骨인 사람도 있지요. 선골은 선풍도골仙風道骨을 말하는데, 신선의 풍모와 도인과 같은 기골氣骨이라는 뜻으로, 비범하고 고아한 풍채를 말합니다. 신라 때의 성골聖骨, 진골眞骨도 타고난 혈통으로 정해졌지요. 진골은 부모의 어느 한쪽이 왕족이 아닌 경우였습니다.

혈육血肉이라는 말이 있듯이 골육骨肉이라는 말이 있지요. 뼈와 살이 골육인데, 여기에 친親이 보태지면 골육지친骨肉之親이 됩니다. 부모, 형제, 자매가 가장 가까운 피붙이이지요. 이들이 골육지친입니다. 이는 하늘이 맺어준 연분으로 인간의 차원을 뛰어넘는 관계입니다. 부모를 만나는 것, 형제를 만나는 것은 모두 하늘의 질서입니다. 만일 이를 거역하면 하늘이 진노할 것입니다. 이를 사람들이 미련하여 모를 따름이지요.

골동骨董이라는 말은 가치 있는 물건으로 오래된 것을 말하는 골동품骨董品의 뜻으로 쓰입니다. 그런데 이 말은 자질구레한 것을 한데 섞은 것이 본래의 뜻입니다. 요즈음 유행되는 한국의 대표음식인 비빔밥을 골동반骨董飯이라 하는데, 그 말도 골동에서 나왔습니다. 골동면骨董麪은 비빔국수지요.

매마골買馬骨이란 말도 있습니다. 말의 뼈를 산다는 말입니다. 왕의 심부름으로 천리마를 구하러 나갔습니다. 아무리 찾아도 천리마는 없고 대신에 죽은 천리마가 있었습니다. 그는 이것을 천금을 주고 사왔습니다. 왕이 크게 노했지요. 죽은 천리마를 뭣에 쓰냐고 말입니다. 그는 조용히 대답했습니다. "죽은 말도 천금으로 샀는데 살아 있는 천리마야 말할 게 있겠습니까? 곧 많은 천리마가 올 것입니다." 했지요. 과연 1년이 못 되어 천리마가 세 마리나 당도했다고 합니다.

賀 하례 하 새해 맞이 전통

하례賀禮, 정조하례正朝賀禮, 하지장賀知章, 하낭賀囊

賀는 '하례하다', '축하하다'의 뜻입니다. 더할 가加에 조개 패貝가 합하여 된 글자입니다. 패貝가 화폐로 쓰였으니 돈을 더해 주며 축하한다가 賀의 뜻입니다. 조개 중에서 화폐로 쓰이는 것은 매우 귀한 것이라 합니다. 우리가 어디서나 볼 수 있는 조개 껍데기가 아니라 금이나 옥을 구하기 어렵듯이 이 조개도 매우 구하기 어려운 것이라 합니다.

좋은 일이 있을 때 쓰는 말이 賀입니다. 하례賀禮도 그런 말입니다. 새해를 맞아 축하하는 의례가 하례입니다. 이 말은 정조하례正朝賀禮에서 온 말입니다. 정월 초하루 신하들이 조정에 모여서 임금에게 새해인사를 드리는 의식이 정조하례입니다. 왕권이 강했던 시절에는 임금에게 예물을 올리고 문안을 드리는 것이 신하들의 도리이기도 했습니다. 우리나라에서는 신라 왕실의 정조하례 행사가 ≪당서唐書≫ 같은 중국 기록에 나옵니다. 이를 보면 이런 의식이 오래된 것임을 알 수 있습니다. 이것이 오늘날 관공서나 각 기관의 시무식으로 지속되고 있습니다.

여담이지만 필자가 봉직했던 대학의 학과에서도 매년 정초에 하례행사를 치렀습니다. 이 학과는 창과 60주년이 넘었습니다. 이 하례행사는 과의 전통으로 이어져 오는 것으로 스승과 제자가 새해를 맞아 함께 모이는 훈훈한 자리입니다. 매년 정초의 정오를 기해 좋은 장소를 구하고 명예교수님 전원과 재직 교수, 강사, 박사과정생, 석사생碩士生들이 한자리에 모여 하례를 하며 덕담을 나누는 순서로 진행됩니다. 개별적인 방문인사의 번거로움에서 벗어날 수도 있고 모두들 같이 만날 수 있는 계기가 되기도 합니다.

중국에는 賀라는 성姓도 있습니다. 당唐나라의 유명한 시인 하지장賀知章이 그렇습니다. 하지장은 매우 조숙했습니다. 문재文才도 일찍 드러났습니다. 그는 나귀를 타고 허름한 가죽 가방을 항상 메고 다녔습니다. 이것이 유명한 하낭賀囊입니다. 하낭이란 하지장의 주머니라는 뜻입니다. 길을 가다가도 머리에 스치는 것이 있으면 바로 메모하여 가방에 넣곤 했습니다. 밤마다 이를 정리하여 작품을 지었다고 합니다. 그는 우연히 시성詩聖 이백李白을 만나 당 현종에게 천거하기도 했습니다.

왕권 시대는 아니라 하더라도 하례 같은 전통은 지켜야 하리라 생각합니다. 그 속에 우리의 역사도, 문화도 살아 있겠기에 말입니다.

北 북녘 북 두 사람이 등지다

패배敗北, 북면北面, 남북南北, 북산지감北山之感, 북인北人

北은 '북쪽', '등지다'라는 뜻이 있는 글자입니다. 北의 상형이 두 사람이 등지고 선 모습[⺅⺅]에서 나왔습니다. 그래서 원 뜻은 '배반하다', '달아나다'의 뜻이었는데, 이것이 북쪽을 가리키는 뜻으로 전이되었습니다. 그래서 '북'이라는 음과 함께 '배'라는 음으로도 많이 읽히는 글자입니다. 패배敗北가 바로 그것입니다. 전쟁에 져서 달아나는 것이 패배입니다. 학교의 시험에는 이런 것이 자주 출제됩니다. 이를 '패북'이라 쓰고 맞았다고 생각하는 수험생도 있습니다.

북면北面이라는 말도 자주 쓰는 말입니다. 북쪽을 향해 자리하는 것이 북면입니다. 북쪽에는 지엄하신 임금이 자리하는 곳입니다. 임금은 자리에 앉아도 아무 방향이나 바라보지 않습니다. 반드시 남쪽을 향해 앉습니다. 덕수궁이나 창덕궁의 옥좌를 보셨나요. 정남향으로 앉으며 뒤편의 병풍은 일월오악도입니다. 그러면 그 앞에서 신하들은 임금을 향해 조아리지요. 물론 신하들은 북면입니다.

지금도 각종 행사시에 자리 배치에 신경을 씁니다. 직급의 고

하에 따라 남북南北으로 배려하고 동서로 가릅니다. 요즈음도 대통령이 남면을 하고 앉는지 모르겠습니다. 그러면 각부 장관들도 자리 배치를 북면하도록 해야 예禮에 맞는 일입니다. 허허, 어느 정권 때인가 실제로 사무실의 자리를 북면을 하도록 했다는 장관이 있다는 것을 보면 단지 웃을 일만은 아니지요.

北은 오행에서 수水로 통합니다. 물의 색은 흑黑이 정색입니다. 계절로는 겨울이고, 오상으로는 지智에 해당합니다. 겨울은 만물이 굳게 지키는 절기입니다. 인체로 봐서는 신장腎臟이고, 맛으로는 짠맛이 제맛입니다. 그래서 바닷물이 짭니다.

북산지감北山之感도 알아둘 만한 숙어입니다. ≪시경≫에 나오는 말입니다. 주周나라 폭군 유왕幽王 때 백성들의 징집이 많았습니다. 끌려간 백성들은 부모 걱정을 하고 집에 있는 부모들은 자식 걱정을 하게 마련입니다. 북산지감은 나랏일로 부모를 봉양하지 못함을 탄식한 자식들의 노래에서 나온 말입니다.

우리 역사에 북인北人이라는 당파가 있습니다. 경상도를 좌도左道와 우도右道로 가를 때, 우도에 속한 분들에 북인이 많습니다. 계보를 가르면 복잡하지만 남명 조식 선생을 중심으로 한 그 문인들이 주류를 이루고 있습니다. 남명 선생은 경敬과 의義를 중심사상으로 삼았는데 과연 임진란에 의병들이 대거 나온 것도 북인에서였습니다.

南 남녘 남 친근감, 그리움, 그리고 희망의 방향

남향南向, 남산南山, 남대문南大門

南은 '남쪽'이란 뜻입니다. 네 방위 중에 남녘을 말합니다. 이 글자의 모양[[illegible]]은 고대 악기 모양에서 나왔다고 합니다. 이 악기는 항상 가장 남쪽에 자리하고 연주했기 때문에 남쪽이란 뜻을 지니게 되었다고 합니다.

남쪽은 친근감, 그리움을 불러일으킵니다. 희망적이기도 하지요. 내 고향 남쪽 바다도 그래서 더욱 회자膾炙됩니다. 북향 대문보다 남향南向 대문이 좋고, 고을마다 있는 남산南山이 북쪽에 있는 산보다 더 친하게 다가옵니다.

이 南은 오행五行으로 보아 여름에 해당됩니다. 만물이 무성하게 자라는 여름이 南입니다. 색깔로 볼 때는 붉은색이 남쪽에 해당하는 정색입니다. 운동선수들의 유니폼에 붉은색이 자주 등장합니다. 힘이 있고 강한 느낌을 줍니다. 이 적赤은 상서로워 다른 색을 이긴다는 신념도 깔려 있습니다. 인체부위로는 심장心臟에 해당합니다. 오상五常으로는 예禮에 해당됩니다. 남대문南大門의 현판을 숭례문崇禮門이라 한 것이 바로 그것입니다. 가운데 글자 예禮가 오상에서 남쪽을 가리킵니다. 맛으로는 불

[火]에 탄 쓴 맛이 바로 그 맛이라 합니다.

"양약良藥은 고어구苦於口나 이어병利於病이라."는 말이 있듯이 쓴맛이 몸에 좋다고도 합니다. 들판에 지천으로 널려 있는 씀바귀, 민들레도 몸에 좋은 나물이지요. 따지고 보면 음식 맛이란 혀의 감촉이 작용할 때까지에 불과합니다.

이왕 음식 얘기가 났으니 말이지만 여름 음식으로 개고기만한 것도 없습니다. 수천 년 전에 살았던 맹자님도 개고기의 효용성을 예찬했습니다. "사람의 나이 오십이 넘으면 쇠해지는 시기라 그 옷이 비단이 아니면 따뜻하지 아니하고, 칠십이 넘으면 허기虛氣를 잘 느끼는 고로 고기를 먹어야 한다."고 했습니다. 그 먹는 고기로 구狗를 꼽았습니다. 구狗는 애완용 견犬과는 다릅니다. 누렁이, 황구, 똥개를 말합니다.

어린이가 우물에 있는 어머니에게 심부름 왔습니다. 아버지의 심부름이었습니다. 개고기를 먹은 그릇을 주며 물을 떠오라고 보낸 것입니다. "이거 개 먹던 그릇인데 물 떠오라고 합니다."라 했습니다. 어머니는 "개 그릇을 왜 가져왔느냐?"고 야단을 쳤습니다. 졸지에 아버지가 개가 되어버렸습니다. 여름에 더러 있을 법한 우리말의 유희지요. 우리는 南에서 그렇게 살았습니다.

香 향기 향 벼꽃 향내의 구수함

향기香氣, 국향菊香, 향초香草

香은 '향기香氣' 또는 '향기로움'을 뜻하는 한자입니다. 글자의 모양이 벼 화禾자에 말씀 왈曰자가 아래쪽에 붙은 모양입니다. 그런데 학자들은 한동안 이 '왈曰'이 '달다'라는 뜻의 감甘자라고 생각했습니다. 그러다가 갑골문[]의 발굴로 입 또는 음식을 끓이는 솥을 본뜬 것이라고 수정하고 있습니다. 어쨌거나 이 글자는 벼와 같은 알곡과 관련하여 생긴 글자입니다. 알곡인 쌀을 솥에 넣고 끓이면 구수한 냄새가 납니다. 이것이 바로 香의 본뜻인가 합니다.

이 香은 후각嗅覺적인 말입니다. 코를 통하여 냄새를 맡을 수 있음은 큰 복입니다. 은은한 난초蘭草의 향기, 한여름의 아카시아, 또 가을이 오면 탐스런 국향菊香이 우리의 코를 절기에 맞춰 반깁니다. 옛사람들은,

조그마한 못에	十步之澤
반드시 향초香草가 있고	必有香草
열 집 남짓한 고을엔	十室之邑

라고 하여 작은 못에 난 풀의 향기로움을 노래하기도 했습니다.

벼가 익는 팔월에는 벼꽃이 하얗게 핍니다. 그 즈음 논들을 걸으면 구수한 벼꽃의 냄새가 코를 자극합니다. 농부들은 이 냄새를 맡으며 풍년을 구가합니다.

오래 전 얘기입니다. 추석을 앞둔 들판은 평화롭고 벼꽃 냄새로 감미로웠습니다. 달리 소득이 없는 농군들은 논들을 보며 상상의 날개를 폅니다. 몇 가마니는 장려쌀 갚고, 몇 가마니는 농비로 충당하고, 몇 가마니는 아이들 학비로 써야지 하며 말입니다.

그런데 뜻밖에 천재天災가 들었습니다. 그것도 추석날 아침에 말입니다. 며칠 전부터 내리던 장맛비가 태풍과 함께 쏟아졌습니다. 천지가 물바다가 되고 논은 토사에 밀려 황무지로 되어버렸습니다. 쌀 두 가마니는커녕 종자도 건지지 못했습니다. 이것이 유명한 사라호 태풍 때의 기억입니다. 향기가 절망으로 바뀔 수 있음도 이때 보았습니다.

많은 향기 중에서 원초적 향내가 무얼까 궁금했습니다. 이 香의 어원을 살피면서 밥 지을 때 나는 그 구수한 냄새가 바로 향기의 원조가 아닌가 생각하게 되었습니다.

農 농사 농 만사가 농사라

농사農事, 농부農夫, 사농공상士農工商, 농자천하지대본農者天下之大本

農은 '농사農事', '농부農夫'를 뜻하는 한자입니다. 다소 글자가 어렵습니다. 그러나 이 글자만큼 우리와 밀접한 글자도 없습니다. 이 農자는 곡曲자과 신辰자가 합해진 글자라고 합니다. 그러나 이 곡曲은 밭[田]에서 일하는 농부의 오른손과 왼손이 감싼 모양을 상형한 글자입니다. 아래쪽 신辰은 농사짓는 시간을 말합니다. 이 신辰이 시간이나 때를 말하는 것임은 십간십이지十干十二支에 나타난 것만 보아도 알 수 있습니다. 그러니 이 農은 농부가 두 손으로 밭에서 부지런히 일하는 모습[䢉]을 상형한 글자입니다.

물물교환과 관련하여 농단壟斷이라는 말이 생각납니다. 예전에는 자기에게 있는 물건을 시장에 가지고 가서 자기에게 없는 물건과 바꾸어 생활하였습니다. 이것이 물물교환이지요. 그러면 관리들은 그들의 거래를 도와주고 세금 따위는 거두지 않았습니다.

그런데 어떤 천장부賤丈夫가 있어 시장 어귀의 언덕에 올라 내려다보다가 농부들이 가지고 나오는 물건마다 몽땅 사들이는 것입니다. 그리고는 시장의 이익을 독점해 버리는 것이었습니다. 소위 매점매석을 한 것입니다. 이를 당한 사람들은 모두 그를 천하게 여겼습니다. 돈은 원래 천한 것이었습니다. 이를 본 관리가 그에게 높은 세금을 징수하였습니다. 세금징수의 출발점입니다. 장사꾼에게 세금을 징수한 것이 이 천장부 때문에 생긴 일입니다.

이것이 농단입니다. 깎아지른 언덕에서 내려다보았다 해서 생긴 말입니다. '세금을 내다'는 뜻의 정상征商도, 정상배政商輩라는 말도 여기에 근원하였습니다. 정치권력과 한통속이 되어 사사로운 이익을 꾀하는 무리라는 뜻이 정상배입니다.

예전에는 사농공상士農工商이라 하여 농사짓는 사람을 우대했습니다. 반면에 물건을 만들거나, 장사를 하는 사람은 농부의 다음 서열에 두었습니다. 그리고 '농자천하지대본農者天下之大本'이라 하여 농사일을 대단히 중시했습니다. 농사란 천하의 으뜸가는 근본이었습니다. 해마다 임금이 농사일에 직접 참가하는 행사를 한 것만 보아도 이를 얼마나 소중히 여겼나 알 수 있는 대목입니다. 農의 생산성, 건강성, 근면성을 다시 한번 생각할 때입니다.

男 남자 남 밭에 나가 일하다

남자男子, 득남得男, 남아男兒

男은 '사내', '아들' 등의 뜻으로 사용되는 한자입니다. 밭 전田자와 힘 력力자가 합해져서 이루어진 글자입니다. 대체로 사내들이 밭에 나가 일을 한다 하여 남자男子라는 뜻이 되었습니다. 일설에는 힘 력力을 쟁기 뢰耒자의 상형이라고도 하나, 힘 력力자가 더 설득력이 있어 보입니다.

옛날은 농경시대라 농사일이 주된 업무였습니다. 이 농사일은 들판에서 이루어지고 남자들이 주로 했습니다. 대신에 집안일은 여자들이 했지요. 그래서 바깥주인, 안주인이라는 말도 생겼습니다. 바깥일은 비교적 노동의 강도가 높은 일이므로, 육체적 힘이 필요했습니다. 여자보다는 남자가 더 유리했지요. 그래서 민간에서는 득남得男을 하면 더 좋아했습니다. 남아男兒 선호사상의 한 요인이 여기에도 있었을 듯싶습니다.

득남을 축하하는 말로 '농장지경弄璋之慶'이 있습니다. 아들을 낳아 손에 구슬을 쥐어주는 즐거움이 농장지경입니다. 장璋은 사실은 홀笏을 말하는데, 여기서는 구슬입니다. 홀은 사대부들이 손에 쥐던 패를 말합니다. 벼슬을 상징하지요. 아들을 낳아 벼슬살이를 시키고 싶은 부모의 마음을 담은 것이 농장지경입니다.

득남 이야기가 나왔으니 산속産俗 이야기를 좀 더 보탤까 합니다. 요즈음은 산부인과가 있어 아기를 병원에서 낳지만 농경시대에는 그렇지 못했습니다. 아기를 받는 산파産婆도 근자에 생겼습니다. 겨우 정화수 떠놓고 순산해달라고 삼신할미께 비는 것이 전부였습니다.

아기를 낳으면 금줄을 쳤습니다. 금줄은 금기禁忌를 표시하는 대표적인 방법입니다. 신성공간인 산후産後 장소에 사람들의 출입을 막기 위해 붉은 황토를 뿌리고, 금줄을 치며, 잡인의 출입을 금지했습니다. 잡인雜人이 범하지 못하게 하는 금줄은 민간신앙民間信仰의 성격을 지니고 있었습니다. 금줄은 지방에 따라 형태나 명칭에 약간 차이가 있지만 대체로 형식이나 의미 등은 같으며, 짚으로 꼰 왼새끼를 두릅니다. 왼새끼는 귀신이 싫어하는 줄이라는 뜻이며, 출입구인 대문에 칩니다.

아들을 낳았을 경우는 붉은 고추, 솔잎, 숯 등을 매답니다. 산모와 아기를 보호하기 위한 것입니다. 간장독에 고추나 숯을 띄워 냄새나 잡균을 제거하는 것도 같은 의미입니다. 왕릉의 홍살문, 궁궐 대문의 잡상도 잡귀를 제거하는 역할을 합니다.

車 수레 거/차 물질문명도 함정이

자전거自轉車, 인력거人力車, 자동차自動車, 기차汽車, 거동궤車同軌

車는 수레를 뜻하는 글자입니다. 수레는 바퀴가 달린 사람이 타는 기구입니다. 이 글자는 음이 '거'와 '차'로 읽혀 그 구분이 어렵습니다. 관습에 따르면 자전거自轉車, 인력거人力車는 '거'로, 자동차自動車, 기차汽車는 '차'로 발음합니다. 작은 것은 '거'로, 큰 것은 '차'로 읽었습니다.

글자 모양은 바퀴[曰]와 굴대[丨]와 빗장 둘[二]로 이루어져 있습니다. 이것은 수레바퀴를 한 측면에서 본 모양입니다. 두 개의 바퀴, 이를 꿰고 있는 굴대, 그리고 이들을 얽고 있는 빗장들이 모여 수레를 나타내고 있습니다.

수레는 인간이 스스로 편하려고 만든 기구입니다. 걸어다니는 것보다 힘이 안 드니 얼마나 편한지요. 거기다가 시간이 단축되니 수레를 타는 것은 일석이조一石二鳥입니다. 이 달콤한 맛이 그만 본질을 잊게 만듭니다. 더 편한 것이 없을까, 더 빠른 것이 없을까 궁리를 합니다. 그러다가 드디어 자전거를 만들고, 자동차를 만들고, 기차를 만들고, 급기야 비행기도 만들었지요.

기계는 기계를 낳고 이 기계는 인간을 편하고 안락한 낙원으로 인도하는 줄 알았습니다. 무작정 추구하다 도달한 곳이 어디인가요? 위기와 위험밖에 만난 것이 없습니다. 무서운 교통사고도, 가공할 핵무기도 이래서 나왔습니다. 이것을 바로 기심機心이라고 합니다.

기심은 나를 위해 다른 사물을 이용하려는 마음을 말합니다. 이 기심이 인간을 망칩니다. 내 몸의 보신을 위하여 소도, 닭도 잡아먹습니다. 그게 지나쳐 개구리도 먹고 뱀도 먹습니다. 그러다가 영양과잉으로 당뇨도 오고, 혈압도 오고, 성인병이 옵니다. 자연파괴도 저절로 따라왔습니다. 수레는 인간을 편하게 하지만 기심이 가져다준 애물이기도 합니다.

좀 다른 이야기입니다 수레와 관련하여 거동궤車同軌라는 말이 있습니다. 수레는 바퀴가 표준형이어야 합니다. 지역마다 궤도가 다르면 수레가 달릴 수 없습니다. 철로궤도가 같아야 기차도 달릴 수 있습니다. 오늘날 여러 도구를 표준형으로 만드는 것도 같은 이치입니다. 지역마다 수레궤도가 다르면 수레의 운행이 불가능합니다. 수레도 이러하거늘 민심의 통일도 이루어져야 사회도 나라도 안정을 찾고 제대로 굴러갈 수 있습니다.

이 거동궤는 '문자가 통일돼야 한다.'는 서동문書同文과 함께 쓰이는 유명한 말입니다. 글자도 표기의 통일이 되어야 소통이 됩니다. 한자의 글자체가 다르던 진시황秦始皇 때의 일입니다. 그것이 서동문입니다. ≪중용≫에 나오는 말입니다.

白 흰 백 밝고 맑게

백수白手, 백수건달白手乾達, 고백告白, 주인백主人白, 부지동방지기백不知東方之旣白, 백수白壽

白은 '희다', '아뢰다', '말하다'의 뜻이 있습니다. 白자는 해를 가리키는 일日에 사선[丿]이 그어진 모양입니다. 사선[丿]이 햇빛입니다. 햇빛이 밝고 희어서 뜻이 '희다'가 되었습니다. 또 다르게 보는 견해로는 코를 뜻하는 비鼻자와 자自자에서, 말할 때 생기는 입김이 빠져 白의 상형이 되었다는 주장입니다. '말하다'의 뜻이 그래서 나온 것입니다.

한자는 이처럼 간단한 모양의 글자도 의미가 깊습니다. 요즈음 유행하는 백수白手도 이 글자를 씁니다. 이 白은 빌 공空의 뜻입니다.

백수는 가진 것 없는 건달乾達을 말할 때 쓰는 말이지요. 건달은 일정한 주소나 직업 없이, 관계없는 일에 잘 덤비고 허풍을 치는 사람이란 뜻입니다. 이 건달은 불교에 나오는 신神인 건달바乾闥婆에서 나온 말입니다. 이 신은 수미산 남쪽 금강굴에 살며 제석천帝釋天의 아악雅樂을 맡아 보았습니다. 술과 고기를 먹지 않고 향香만 먹으며 공중으로 떠돌아다닌다고 합니다.

이 백수에 건달이 붙어 백수건달白手乾達이 되고, 이 말이 백수白手가 되었습니다.

백수는 손에 든 것이 없는 사람입니다. 이때의 白은 공空의 뜻도 있고, 무관작자無官爵者의 뜻도 있습니다. 관작과 벼슬이 없는 사람이란 뜻입니다.

白이라는 글자에는 '희다'는 뜻 외에 '깨끗하다', '없다' 등의 의미도 있습니다. 白에는 이외에도 열 가지가 넘는 뜻이 있습니다. 백수의 '없다'는 뜻도 그런 범주의 하나입니다.

'고백告白'의 白이나, '주인백主人白'의 白은 '아뢰다', '사뢰다'의 뜻입니다. 주택가 대문에 써붙인 '주인백'에서 白의 뜻은 '〈이 집에 사나운 개가 있으니 주의하라고〉 주인이 알린다.'는 뜻입니다. 이를 '이 집 주인의 성이 백씨白氏인가 보다.'라고 한다면 웃음거리가 되지 않겠습니까?

또 서색曙色이라고 하여 새벽빛을 나타낼 때도 이 白을 씁니다. 가령 소동파蘇東坡(소식蘇軾)의 〈적벽부赤壁賦〉의 마지막 구절에 나오는 '부지동방지기백不知東方之旣白'이 그것입니다. '동방이 이미 밝은 것도 알지 못했다.'는 말이지요.

白은 이처럼 다양한 뜻으로 사용됩니다. 백수白壽는 나이 99세를 말하는데, 일백 백百에서 한 일一이 빠지니 99입니다.